EL CEO
EN VENTAS EN SHOPIFY

Descripción: Presentamos *el éxito con Shopify* . En este libro electrónico, descubrirá los temas sobre cómo elegir los productos adecuados para su tienda de comercio electrónico, dónde obtener sus productos, elegir el paquete de Shopify adecuado, comparar Shopify con otras plataformas de comercio electrónico, Shopify: configuración inicial, agregar sus productos a su tienda, configurar su envío, personalizar sus soluciones de pago e impuestos, personalizar su sitio web de comercio electrónico, funciones complementarias de Shopify para usarlas en su beneficio, aprovechar las herramientas de aprendizaje de Shopify y mucho más.

EL CEO EN VENTAS EN SHOPIFY

EL CEO EN VENTAS EN SHOPIFY

Por: Losvania Pereyra

TABLA DE CONTENIDOS

Introducción

Primera parte: Introducción al comercio electrónico

Capítulo 1:	Elegir los productos adecuados para su tienda de comercio electrónico
Capítulo 2:	Evaluar el tamaño y el potencial de su mercado

Capítulo 3:	Identificación de su cliente objetivo
Capítulo 4:	Evaluación de la competencia
Capítulo 5:	Destacar entre sus competidores
Capítulo 6:	Comprender los productos digitales, físicos y de suscripción
Capítulo 7:	Convertirte en un experto en nichos
Capítulo 8:	Leyes, regulaciones y restricciones para tiendas y negocios

Segunda parte: Configuración de Shopify

Capítulo 9:	Dónde conseguir tus productos
Capítulo 10:	Elegir el paquete de Shopify adecuado
Capítulo 11:	Comparación de Shopify con otras plataformas de comercio electrónico
Capítulo 12	Shopify – Configuración inicial
Capítulo 13	Añade tus productos a tu tienda
Capítulo 14	Configurar el envío
Capítulo 15	Personalización de sus soluciones de pago e impuestos
Capítulo 16	Personalización de su sitio web de comercio electrónico.

Tercera parte: Hacer que tu tienda Shopify sea un éxito.

Capítulo 17	Funciones complementarias de Shopify para usar en beneficio de ti
Capítulo 18	Aprovecha las herramientas de aprendizaje de Shopify
Capítulo 19	Marketing de nicho – Dentro y fuera
Capítulo 20	Aprovechar las redes sociales de manera efectiva
Capítulo 21	Detectar y sacar provecho de las

	tendencias
Capítulo 22	Ventas navideñas
Conclusión	

INTRODUCCIÓN

¡Bienvenido al CEO de ventas en Shopify! Tener tu propio sitio web de comercio electrónico es una de las cosas más gratificantes y satisfactorias que puedes hacer en tu vida.

Saber que tienes el potencial de obtener ingresos ilimitados y que todo depende de lo duro que trabajes es muy liberador y motivador. Si bien tener una tienda en línea es algo con lo que muchas personas sueñan, pocos realmente lo siguen y construyen una, por lo que se encuentra en una clase única de individuos.

Por supuesto, crear una tienda nunca ha sido tan fácil tampoco, gracias a Shopify. De hecho, configurar y lanzar un sitio web de comercio electrónico es tan simple como indoloro como crear un blog de Wordpress o Blogger en estos días gracias a plataformas de comercio electrónico como Shopify.

Lo que necesitas para iniciar tu propio sitio web de comercio electrónico

Hay algunas cosas iniciales que debes tener en cuenta si planeas iniciar tu propio sitio web de comercio electrónico, antes de comenzar a configurar tu tienda o incluso decidir qué tipo de productos vas a vender.

Debes preguntarte si tienes o estás dispuesto a cultivar los artículos de la lista a continuación para tener la mejor oportunidad posible de tener éxito en la venta en línea. Aquí hay algunas cosas a considerar si está pensando en ingresar al negocio.

☐ ¿Eres capaz de dedicar el tiempo necesario a hacer que tu tienda tenga éxito? Eso puede incluir varias horas a la semana que dedique a configurar su sitio web de comercio electrónico mientras aún tiene que trabajar a tiempo completo o asumir sus responsabilidades habituales. Incluso si puede tener éxito y trabajar en su tienda a tiempo completo, tendrá que dedicar tiempo cada semana a cumplir con los pedidos, enviar, actualizar su tienda, comunicarse con los clientes y seguir la industria de los productos que está vendiendo.

☐ ¿Tiene la capacidad de invertir en su tienda sin dejar de cumplir con sus responsabilidades financieras y posiblemente comprometer el estilo de vida al que está acostumbrado para tener dinero para gastar en la creación de su tienda? Incluso si pides un préstamo para abrir tu tienda, sigues asumiendo un riesgo financiero y debes asegurarte de estar preparado financieramente.

☐ ¿Puedes trabajar en tu tienda durante un año o más sin ver ningún tipo de ganancia? La Administración de Pequeñas Empresas estima que la pequeña empresa promedio no verá ganancias hasta el segundo o tercer año en el negocio.

☐ ¿Serás capaz de mantenerte motivado incluso si sientes que no estás teniendo ningún éxito en la gestión de tu tienda? Es posible que termines teniendo que trabajar durante un largo período de tiempo antes de ver algún tipo de éxito y la mayoría de las personas se rendirán antes de llegar al punto en que las cosas cambien para ellos. ¿Eres capaz de hacer cumplir el trabajo que hay que hacer a diario, así como vivir tu vida normal, incluyendo trabajar en otro trabajo, todo con lo que parece ser una recompensa en cualquier momento en el futuro cercano?

- ¿Estás preparado para aceptar una posible derrota? Puede trabajar, vivir simplemente o pedir un préstamo para tener dinero para invertir en su negocio, comprar una gran cantidad de inventario y hacer muchas otras cosas para que su sitio web sea un éxito, solo para darse cuenta de que nunca funcionará de la manera en que lo tiene configurado actualmente. La competencia es feroz y no solo se necesita habilidad y perseverancia para administrar una tienda electrónica exitosa, sino que también se necesita suerte. Es posible que nunca puedas hacer despegar tu negocio y tienes que estar dispuesto a correr ese riesgo.

Por qué deberías iniciar un sitio web de comercio electrónico

Aunque pueda parecer que es mejor dejar comenzar un sitio web de comercio electrónico a las personas con una gran cantidad de tiempo libre y mucho dinero para invertir, hay algunas grandes razones para asumir el desafío. Sí, es un trabajo difícil, pero también hay beneficios que compensan la dificultad del proceso. Estos son algunos de los aspectos y resultados más positivos de iniciar su propia tienda de comercio electrónico.

- Tienes la oportunidad de ser tu propio jefe. Eso significa que no tienes a nadie que te diga qué hacer, y que cualquier éxito (o fracaso) es tuyo y solo tuyo. Muchas personas sueñan con ser su propio jefe y no les gusta su trabajo actual o su supervisor, pero pocos tienen la oportunidad de hacerlo. Definitivamente lograrás algo con lo que mucha gente sueña.

- Puedes trabajar desde casa. Así es; No tienes que ir a la oficina. No tienes que salir de tu casa en absoluto. Puedes saltarte la ducha si quieres. Puedes trabajar descalzo, en ropa interior o como quieras (con las gafas bajas, por supuesto). Además del factor de comodidad, también tienes la posibilidad de trabajar a las horas que elijas y tomarte un tiempo libre cuando quieras. Si decides que quieres trabajar diez días y luego te tomas cinco días libres, nadie te lo impedirá. Por supuesto, si envías mercancía tú mismo, es posible que estés limitado por las necesidades de tus clientes, pero aún así tendrás mucha libertad.

☐ Tienes el potencial de ganar una cantidad ilimitada de dinero. Sabes que en tu trabajo habitual, no importa cuánto trabajes, lo máximo que puedes esperar es una serie de aumentos de sueldo. Incluso si tuviste la mejor suerte del mundo y trabajaste más duro que nadie, no te vas a hacer rico con tus cheques de pago. Pero con una tienda electrónica, cuanto más trabajes y más suerte tengas, más dinero ganarás. Convertirse en millonario está dentro del ámbito de las posibilidades cuando eres un negocio por ti mismo.

☐ Estarás preparado para el futuro. El hecho es que las tiendas físicas están a punto de desaparecer. Si la tecnología se crea para enviar algo y hacer que llegue a la casa o negocio del cliente en cuestión de horas, como con el programa de envío de drones de Amazon o mediante el uso de impresoras 3D, las tiendas físicas no tendrán ventajas y muchas desventajas. En este momento, lo único que tienen a su favor es que obtienes el artículo cuando lo compras. En el futuro, es probable que los beneficios de comprar en persona sean superados por los beneficios de las compras en línea y usted estará allí, ya preparado para cumplir con las compras en línea en su nicho.

☐ Obtiene numerosas ventajas sobre la apertura de una tienda minorista. Hay muchas ventajas que el comercio electrónico tiene sobre la tienda minorista física para los propietarios de negocios, tal vez incluso más beneficios que para los clientes. Por ejemplo: puedes permanecer abierto las 24 horas del día, los 365 días del año. ¿Te imaginas cuánto costaría abrir una tienda física las 24 horas? Además, no tiene que pagar alquiler, no tiene que pagar servicios públicos y los costos de puesta en marcha se reducen enormemente.

Por qué deberías abrir una tienda Shopify

Si bien hay algunos beneficios enormes al iniciar un sitio web de comercio electrónico, puede haber aún más beneficios al hacerlo con la plataforma Shopify. De hecho, muchos de los riesgos y los problemas potenciales mencionados en esta introducción que conlleva tener su propia tienda electrónica se minimizan o eliminan gracias a la plataforma Shopify. Ya sea que inicies o no un negocio de comercio electrónico depende de ti, pero si decides que lo vas a hacer, definitivamente debes hacerlo utilizando la plataforma Shopify. Estas son solo algunas de las razones.

1. Los costos de diseño de su tienda normalmente serían de miles de dólares, para conseguir un diseñador de sitios web que no solo tenga las habilidades para crear un sitio web de gran apariencia, sino también para programar todas las funciones de comercio electrónico que necesita, incluida la seguridad. Pero con Shopify, no hay una gran inversión de miles de dólares. Sólo tienes que pagar uno de los cuatro niveles de precios y obtendrás el sitio web de comercio electrónico perfecto.

2. Obtienes el beneficio de todo el equipo de Shopify. No solo está obteniendo una plantilla de sitio web con Shopify, está obteniendo una tienda lista para usar que ya tiene todos los errores resueltos y ha sido rediseñada y reelaborada para que funcione perfectamente y tenga casi todas las características que pueda desear.

3. La plataforma es tan intuitiva que puedes empezar a construir tu tienda justo después de iniciar sesión. Es posible

que deba consultar las páginas de ayuda para usar algunas de las funciones más avanzadas, pero para agregar productos y personalizar el diseño, así como otros conceptos básicos, puede comenzar a hacerlo de inmediato casi sin curva de aprendizaje.

4. Tienes una seguridad increíble. Por ley, un sitio web de comercio electrónico debe tomar ciertas medidas para proteger la información financiera de un cliente, pero no solo obtiene suficiente seguridad con Shopify, sino que obtiene algunas de las características de seguridad mejor calificadas de cualquier plataforma de comercio electrónico en el mercado actual. No tienes que preocuparte por programar protocolos de seguridad o asegurarte de que tu sitio esté protegido por todos lados de los ladrones que quieren los números de tarjetas de crédito de tus clientes. Shopify hace todo el trabajo por ti.

5. Shopify está diseñado para ayudarte a alcanzar tu potencial de SEO. Si le pagaras a un diseñador por un sitio de comercio electrónico personalizado, gastarías miles de dólares, o tal vez incluso decenas de miles de dólares, y no obtendrías las funciones que obtienes con Shopify. Una de esas características es su optimización para motores de búsqueda. Con Shopify, tu tienda online tiene la mejor oportunidad posible de posicionarse en los primeros puestos de los motores de búsqueda y de atraerte mucho tráfico orgánico.

6. Obtienes análisis que te dicen exactamente lo que está pasando. Con Shopify, puedes ver exactamente de dónde vienen tus clientes, qué palabras clave están usando para llegar a tu sitio y a dónde van una vez que llegan allí, sin mencionar cuánto tiempo se quedan. Toda esta información tiene un propósito principal: permitirte modificar tu sitio de Shopify y tus esfuerzos de marketing y promoción para que la mayor cantidad posible de personas visiten tu sitio y luego

hacer que se queden allí una vez que lleguen. Todavía tiene que ofrecer excelentes productos, pero Shopify lo ayuda a comercializar su sitio de manera mucho más efectiva y hace que los clientes aparezcan, que es la mitad de la batalla cuando se trata de comercio electrónico.

7. Su sitio ya está optimizado para dispositivos móviles y continuará optimizado en el futuro. Con Shopify, obtienes un sitio web receptivo que funcionará con cualquier dispositivo móvil y, a medida que esto se convierte rápidamente en la forma principal en que las personas compran, tu sitio web de comercio electrónico solo mejorará, ya que los ingenieros detrás de la plataforma se aseguran de que siempre te mantengas al día con la tecnología.

8. Obtienes alojamiento con tu sitio. Shopify tiene una ventaja que muchas plataformas de comercio electrónico no comparten: su sitio está alojado por ellas, y su pasarela de pago y otras funciones del carrito de compras ya están cubiertas. Esto no solo le ahorra dinero, ya que no tiene que pagar por el alojamiento, sino que también siempre tendrá suficiente ancho de banda para soportar su tráfico y, por supuesto, obtiene seguridad con un alojamiento que no tiene rival.

9. Shopify es extremadamente confiable. Shopify no llegó a su lugar como la plataforma de comercio electrónico número uno por accidente. Son tan populares y tan ampliamente utilizados debido a lo confiable que es la plataforma. Cuando tu tienda comienza a recibir más tráfico,

perderá dinero por cada segundo o minuto que posea su ID de sitio. El uso de Shopify minimiza las posibilidades de esto tanto como sea posible.

10. Shopify tiene numerosas aplicaciones creadas para su uso. La tienda de aplicaciones de Shopify tiene algunos diseñadores talentosos que crean programas que puedes

usar para mejorar aún más tu tienda de comercio electrónico. Puedes personalizar la apariencia de tu sitio y hacer mucho con Shopify, pero con la tienda de aplicaciones puedes crear una fuerza imparable en el mundo del comercio electrónico.

De qué trata este libro

Este libro está destinado a explicar todo lo que necesita saber sobre la plataforma Shopify, incluido por qué usarla, cómo usarla y para qué tipo de productos y servicios es apropiada la plataforma. El objetivo principal del libro es guiarte a través del proceso de decidir si usar o no el programa, luego una guía paso a paso para elegir tus productos y configurar tu tienda Shopify. Este libro electrónico consta de tres secciones:

PRIMERA PARTE: INTRODUCCIÓN AL COMERCIO ELECTRÓNICO

Esta sección es una introducción al mundo del comercio electrónico en general e incluye información sobre cómo decidir con qué productos llenar su tienda, cómo evaluar la competencia a la que probablemente se enfrentará su tienda, cómo diferenciar entre los diferentes productos que existen, cómo identificar a su consumidor ideal y cómo convertirse en un sitio web de comercio electrónico único e indispensable que sea conocido por tener experiencia en un nicho específico.

Comprenderá los diversos aspectos de la industria del comercio electrónico, incluida la forma de posicionarse como un experto en su campo, y comprenderá las leyes y regulaciones que le conciernen.

SEGUNDA PARTE: CONFIGURACIÓN DE SHOPIFY

La segunda parte de este libro trata sobre la plataforma Shopify. Esta sección del libro electrónico le mostrará exactamente cómo configurar su sitio de Shopify, incluida la elección de un paquete de Shopify que funcione mejor para usted, la creación y personalización de su tienda Shopify.

Estos capítulos le enseñarán todo lo que necesita saber sobre la configuración de pasarelas de pago, el cálculo del impuesto sobre las ventas y el ahorro para el impuesto sobre la renta, la oferta de opciones de envío y cómo lanzar su sitio web de comercio electrónico de la manera más efectiva.

TERCERA PARTE: HACER QUE TU TIENDA SHOPIFY SEA UN ÉXITO

La parte final de este libro electrónico tratará de los extras que puede agregar a su sitio de Shopify, así como de las formas en que puede comercializar su sitio web sin gastar dinero en hacerlo. Aprenderá cómo optimizar su sitio para los motores de búsqueda, cómo usar las redes sociales para comercializar su sitio y aún así retener a sus seguidores, así como aprovechar los factores sensibles al tiempo, como las tendencias, cuando suceden, para que pueda ganar la mayor cantidad de dinero posible y permitir que su sitio web de comercio electrónico alcance su máximo potencial. Desde funciones adicionales hasta redes sociales, esta sección se trata de hacer que su sitio de comercio electrónico sea lo mejor posible.

PRIMERA PARTE: INTRODUCCIÓN AL COMERCIO ELECTRÓNICO

CAPÍTULO 1:
Elegir los productos adecuados para su e-Tienda com

Cuando se trata de vender en línea, particularmente con una plataforma como Shopify, desea elegir productos que funcionen bien con la plataforma, así como productos que funcionen bien para su tienda en particular. Afortunadamente, puedes vender casi cualquier cosa usando Shopify y verás que la gente ha creado tiendas con casi todos los productos imaginables. Pero, ¿qué hay de elegir productos que sean adecuados para usted?

Eso es un poco más complicado y tendrás que hacerte algunas preguntas reflexivas para averiguar qué es lo que quieres vender en tu tienda Shopify.

Elegir tus productos: Déjate llevar por lo que conoces

Lo primero que debes entender es que, si bien no es necesario ser un experto en los productos o servicios que vendes, al menos debes estar lo suficientemente familiarizado con ellos para poder responder a las preguntas de un cliente o saber dónde ir para encontrar las respuestas cuando no lo sabes tú mismo.

Por lo tanto, el mejor lugar para comenzar es decidir qué es lo que te apasiona. Si eres un ávido coleccionista de figuras de acción, tal vez los juguetes sean tu nicho particular. Si te gusta coser y tejer, entonces esos pasatiempos en particular podrían ser de donde debe provenir tu selección de producción.

Identifique un problema y resuélvalo

En segundo lugar, queremos identificar una necesidad. Todo el mundo tiene problemas que quiere que un producto resuelva. Cuando encuentran ese producto, están dispuestos a desembolsar dinero en efectivo por él. Un buen ejemplo es la industria de la pérdida de peso. Los expertos han estado diciendo durante décadas que no existe una "píldora mágica" para perder peso. De hecho, no hay nada, excepto el trabajo duro, que promueva la pérdida de peso: menos calorías ingeridas y más calorías quemadas. Pero aún así, hay miles de productos de pérdida de peso de "píldora mágica" en el mercado, que abarrotan la televisión a altas horas de la noche y se anuncian en todas las revistas y periódicos del país.

Obviamente, esas personas todavía están en el negocio porque están dispuestas a pagar por lo que quieren, y lo que quieren es una solución mágica para perder peso que les permita saltarse la dieta y el ejercicio. Desafortunadamente, esos productos no funcionan. Con suerte, encontrará una necesidad o un problema que pide ser resuelto y realmente proporcionará un producto que resolverá ese problema. Si lo haces, estarás por delante de más de tres cuartas partes de los emprendedores de comercio electrónico, porque muchas personas no consideran qué problemas deben resolverse cuando comienzan a vender, ni se aseguran de haber elegido un producto que resuelva ese problema de manera efectiva. Muchos nuevos vendedores simplemente se lanzan con ambos pies.

Piénsalo desde el punto de vista del consumidor

¿Alguna vez has comprado algo? Por supuesto que sí. De hecho, es seguro que has comprado muchas cosas a lo largo de tu vida. Has sido un consumidor, por lo que tienes la capacidad de mirar tus productos y tu tienda desde el punto de vista del consumidor. Imagina que estás tratando de resolver el problema de la última sección tú mismo. ¿Qué tipo de cosas buscarías? ¿Estaría buscando un producto real y físico o un servicio le ayudaría mejor? ¿Qué tipo de características te gustaría que tuviera ese producto? ¿Qué otras cosas estarías dispuesto a comprar como accesorios para ese producto o servicio?

Estas preguntas son cómo ves tu producto desde el punto de vista del consumidor. Es fácil perderse en el punto de vista del dueño del negocio, donde piensas que si construyes tu tienda, vendrán, incluso si no estás seguro de quiénes son "ellos" o qué están buscando. No solo puede resolver los problemas de sus clientes de manera mucho más efectiva cuando puede ver las cosas desde su perspectiva, sino que también puede sacar provecho de los extras, como los accesorios antes mencionados. Cuando creas que tienes los productos que quieres vender, dedica algún tiempo a considerarlos cuidadosamente como clientes antes de comprometerte a ponerlos en tu tienda.

Tu marca como herramienta de marketing

De acuerdo, es posible que aún no tengas una marca construida, pero es importante evaluar si vas a ser capaz de hacer que tu marca tenga poder de permanencia en el nicho que has decidido. Esta es una decisión casi imposible de tomar hasta que sepas más sobre cómo va a ir tu negocio. Tu marca podría ser la mejor manera en que podrías haberte promocionado a ti mismo o podría llevarte a la caída si no la cambias. Pero como se mencionó, es imposible predecirlo. Por ejemplo, un abogado exitoso desafortunadamente era lo suficientemente bueno como para tener el apellido "Crooks". Cuando lanzó una campaña publicitaria que se denominó "Trust Crooks", todos pensaron que sería contraproducente, pero de hecho, resultó ser exitosa para él.

Incluso si no puedes predecir exactamente cómo le va a ir a tu marca y a tu marketing cuando realmente estén frente a los consumidores, hay algunas cosas que puedes hacer para asegurarte de que tienes la mejor oportunidad posible de que sea un éxito. Estas son algunas cosas que debes tener en cuenta a la hora de crear la marca de tu tienda.

1. El logotipo: No querrás optar por un logotipo que alguien de Fiverr haya hecho para ti, o incluso con uno de esos servicios de logotipos "Hazlo tú mismo". Definitivamente no querrás diseñarlo tú mismo hasta que realmente seas un diseñador gráfico. En su lugar, gaste algo de dinero y cree un logotipo real y profesional. Si no puedes permitirte el desembolso, intenta hacer un intercambio con un diseñador gráfico.

3. Algo completamente único: Las marcas que tienen éxito lo hacen porque ofrecen algo que nadie más ofrece y luego comercializan al máximo esa característica. Por ejemplo: Tom's Shoes es una empresa de calzado con fines de lucro que vende sus zapatillas de lona por probablemente más de lo que crees que valen, pero donan un par de zapatos a un niño necesitado en un país del tercer mundo con cada compra, por lo que la gente les compra en masa. ¿Recuerdas los viejos anuncios de Domino's Pizza? "¡Treinta minutos o es gratis!" Han tenido que dejar de garantizar ese período de tiempo en particular desde que los conductores estaban teniendo accidentes automovilísticos, pero el principio se mantiene.

4. Ser consistente: Este es un gran problema. Piensa en los lectores y en los autores exitosos. Los lectores que acuden en masa a esos autores lo hacen porque el escritor ofrece una gran historia tras otra, de manera consistente. De hecho, lo que los lectores quieren cuando terminan un gran libro de un autor es otro libro igual. Puede funcionar de la misma manera para su negocio. Si resuelves un problema para ellos en un nicho en particular y proporcionas un producto de calidad, esperarán que puedas resolver un problema similar en el futuro y con el mismo nivel de calidad que el primero.

Por lo tanto, elegir productos es más que vender algo que te gusta. Quieres productos de los que sepas mucho, con los que disfrutes trabajando y en torno a los que puedas construir una marca. Hazlo y tu sitio de Shopify tendrá éxito.

CAPÍTULO 2:
Evaluar el tamaño de su mercado y potencial

Una vez que haya decidido qué tipo de productos va a vender, lo siguiente que debe determinar qué tan grande es el mercado para esos productos. Hay una serie de errores que cometen algunos nuevos emprendedores al montar su tienda por primera vez. Repasaremos algunos de ellos en un momento. Si puedes evitar los errores, entonces tienes muchas más posibilidades de tener éxito. Determinar el tamaño del mercado definitivamente es una de las cosas más importantes que puedes hacer antes de configurar tu tienda, pero ten en cuenta que incluso si determinas que el mercado es demasiado pequeño para el producto que has elegido, es posible que aún puedas venderlo.

Ese es uno de los primeros errores que cometen las personas cuando determinan el tamaño de su mercado. Se aferran obstinadamente a un producto porque es su pasión y por eso se metieron en el negocio en primer lugar. No hay nada de malo en eso, excepto que si quieres tener éxito, vas a tener que hacer más que vender un producto que casi nadie quiere. Entonces, ¿cómo puedes atraer a una base de clientes más amplia sin dejar de vender algo con lo que estés familiarizado o bien informado?
En realidad, hay dos formas en que esto se puede lograr.

Método uno: Amplíe su línea de productos

Por lo tanto, quieres vender pañuelos o hacer trapos que presenten caballos. Este es un gran producto, para alguien que quiere usar un pañuelo con caballos. Pero no hay mucha gente que busque ese producto en particular. De hecho, es posible que te resulte difícil vender un solo pañuelo. Pero definitivamente hay un mercado para hacer trapos y pañuelos. El problema es que hay demasiada competencia en este mercado más amplio, por lo que elegiste el nicho, eso y tu experiencia incomparable en estampados y patrones de caballos, por supuesto. Pero, ¿qué pasaría si decidiera vender pañuelos que presenten todo tipo de diseños de animales, cultura pop y estampados fotográficos? De repente te has abierto a un enorme mercado de clientes con pañuelos y trapos.

Método Dos: Aprender Algo Nuevo

De acuerdo, tal vez tu producto de nicho solo atraiga a un nicho muy específico y no haya nada que puedas hacer para expandirlo. No querrás quedarte con ese nicho en un sitio de comercio electrónico potencialmente grande como tu sitio de Shopify. En cambio, quieres aprender algo nuevo. Simplemente muévase a un nuevo nicho y, si no sabe nada al respecto, puede aprender antes de abrir su tienda. Por supuesto, siempre puedes encontrar algo que esté relacionado con tu idea de nicho original para que al menos puedas incorporar los productos que tenías en mente en una fecha posterior cuando ya te hayas establecido un nombre con el nuevo nicho.

No tengas miedo de elegir un mercado grande

Otro error que cometen los emprendedores en ciernes cuando abren su tienda por primera vez es resistirse a competir en un mercado grande. Si estás mirando tu mercado y sientes miedo de perderte en la confusión, anímate. En realidad, hay varias cosas que puedes hacer para distinguirte en un mercado grande para asegurarte de que puedes competir con los grandes. Repasaremos esas estrategias en un capítulo posterior.

Cómo determinar el tamaño de un mercado

Entonces, ¿cómo se determina el tamaño de un mercado para un producto que está considerando vender? El primer paso es revisar la investigación de mercado que ya se ha realizado para usted. No hay razón para no aprovechar la información proporcionada por el gobierno, las organizaciones sin fines de lucro o incluso las empresas que han divulgado la información. Para determinar el tamaño del mercado, investigará su industria con la Administración de Pequeñas Empresas o a través de FedStats.gov. También hay organizaciones dedicadas a cada industria que tendrán números más precisos. Comprobar estos números es el primer paso para determinar el tamaño del mercado, pero no el último, porque es probable que estés compitiendo en un nicho de mercado dentro de ese segmento de consumidores.

Determine su nicho de mercado

Si está compitiendo en un nicho de mercado, entonces querrá reducir el segmento de mercado que descubrió investigando la industria a un número mucho más pequeño, porque no es probable que encuentre números específicos en su nicho particular a menos que sea increíblemente amplio. Por ejemplo, si vendes pañuelos, no podrás obtener números sobre cuántas personas compran pañuelos y hacen trapos, pero es posible que puedas obtener números específicos sobre cuántas personas en el país compran productos de salud y belleza. Desafortunadamente, así es como están estructurados los números. Afortunadamente, hay algunas formas sólidas de reducir su mercado y ser bastante preciso.

Demografía

Vamos a entrar en detalles demográficos en el próximo capítulo. Pero tendremos que adelantarnos un poco para hacer un punto aquí. Para reducir tu nicho de mercado, tendrás que leer el capítulo tres y seguir las instrucciones allí, porque no puedes tener uno sin el otro. Tu cliente ideal determinará qué datos demográficos observas, y eso determinará cuál será el tamaño de tu mercado. En cuanto a los datos demográficos que componen a tus clientes ideales, eso dependerá de ti en función de tu investigación.

Estimación del tamaño del mercado por competencia

Otra forma de estimar el tamaño del mercado del nicho en el que vas a trabajar es observando a la competencia. Por ejemplo: si fueras a Amazon y miraras su selección de libros en la categoría 'Arte y Fotografía', te darás cuenta de que mientras 'Arquitectura' tiene más de 10.000 libros en esa subcategoría, la subcategoría 'Danza' sólo tiene unos 1000. Eso significa que puede asumir con seguridad que el nicho de los libros de danza es aproximadamente el 10% del tamaño del nicho de los libros de arquitectura. No tienes que usar Amazon para este método, pero si puedes, suele ser bastante preciso.

Si no desea utilizar los listados de Amazon, o su nicho particular no está representado allí, puede usar los motores de búsqueda con el mismo efecto. Por ejemplo: supongamos que estás vendiendo pañuelos con estrellas de cine famosas. Si tuvieras que escribir 'pañuelos', podrías consultar la competencia que surge y ver cuántos de ellos (si es que hay alguno) ofrecen pañuelos de estrellas de cine.

Aún mejor, si tiene una cuenta de Google, puede usar el Planificador de palabras clave de Adwords para escribir frases que le permitirán ver cuántas personas buscan mensualmente una frase de palabras clave en particular. Por ejemplo, puede escribir 'Pañuelos con estampado de tigre' y ver que más de 1000 personas cada mes buscan ese artículo en particular. Eso significa que si vendes pañuelos con estampado de tigre y puedes poner tu sitio web frente a esas personas, harías algunas ventas.

Por lo tanto, determinar el tamaño de su mercado no es tan difícil. Pero tampoco es tan preciso, a menos que estés dispuesto a gastar decenas de millones en estudios de mercado.

CAPÍTULO 3:
Identificación de su cliente objetivo

Lo siguiente que tendrás que hacer es identificar al cliente con el que estás tratando de conectarte. Tienes un nicho de producto elegido y has determinado que el tamaño del mercado es suficiente para permitirte ganar dinero en dicho nicho, pero ¿qué pasa con la persona real que va a comprar ese producto? No se puede comercializar a una multitud sin rostro. Necesita saber quién es más probable que compre su producto o use su servicio para que pueda adaptar su marketing específicamente para ellos y atraerlos para que le compren. Comprender a tu cliente ideal comienza con una comprensión básica de cómo funcionan los datos demográficos.

Demografía: Cómo saber a qué grupo comercializar

Algunas empresas no podían vivir sin datos demográficos. Esa es la única forma en que pueden tomar decisiones, crear estrategias de marketing y planificar campañas publicitarias elaboradas. Para ser justos, estamos hablando de decenas o incluso cientos de millones de dólares invertidos en algunos casos, por lo que no es de extrañar que evalúen cuidadosamente su plan de marketing antes de implementarlo. Pero para el sitio web de comercio electrónico promedio que se especializa en un nicho en particular, los datos de mercado no son una necesidad. Sin embargo, es extremadamente útil. Pero para entender los datos, primero hay que entender cómo se dividen los grupos.

Atributos demográficos

Para comprender qué tipo de factores componen su consumidor objetivo, debe comprender en qué tipo de categorías dividen las personas los expertos. Estas son solo algunas de esas categorías.

- ☐ Hombres
- ☐ Mujeres
- ☐ Hombres y mujeres de 18 a 24 años
- ☐ Hombres y mujeres de 35 a 34 años
- ☐ Hombres y mujeres de 35 a 54 años
- ☐ Hombres y mujeres de 55 años o más
- ☐ Nivel de educación
- ☐ Tamaño del hogar
- ☐ Origen étnico
- ☐ Raza
- ☐ Renta
- ☐ Ocupación

Por lo tanto, puede ver que identificar al cliente ideal es un poco más complicado de lo que parece a primera vista y lo que implica obtener esa información es aún más difícil de entender. Por supuesto, hay algunos productos para los que la demografía es fácil. Por ejemplo: si estuvieras comercializando tampones, querrías comercializarlos exclusivamente para mujeres entre las edades de la pubertad y la menopausia. Por otro lado, si estuvieras comercializando colonia, podrías comercializar los mismos grupos de edad básicos para hombres en el otro lado.

Sin embargo, otra información es más difícil de conseguir. Cuando una empresa quiere saber quién es más apto para comprar su producto, tiene varias formas de obtener la información. La más común es el pago de encuestas. Incluso podrías haber trabajado en uno de estos centros de encuestas si eres parte de la Generación Y. Ahora, están prácticamente obsoletos, ya que Internet ha facilitado increíblemente la recopilación de datos. Las empresas gastan millones rastreando a los consumidores mientras compran, mientras miran escaparates y mientras buscan cosas que preferirían que Wal-Mart no supiera. Por supuesto, estos datos se recopilan y separan, y generalmente les dicen a las empresas con mucha precisión qué tipo de persona está buscando los productos que venden.

Desafortunadamente, este método no suele funcionar para el consumidor promedio, particularmente no para uno que recién comienza su propia tienda Shopify. Por lo tanto, su método tendrá que ser un poco diferente. Incluso si no tiene ni idea de quién comprará sus productos en este momento, hay algunas formas de identificar a su consumidor objetivo.
Estos son algunos consejos.

Cómo las pequeñas empresas y los sitios de comercio electrónico pueden identificar su mercado objetivo

Lo primero que vamos a hacer es remitirnos al principio de este libro. ¿Recuerdas el problema que estás resolviendo? Bueno, ese es el primer paso para identificar a tu cliente objetivo. ¿Qué tipo de persona tendría el tipo de problema que resuelve su producto o servicio? A partir de ahí, puedes empezar a reducir un poco las cosas. ¿Es más probable que esa persona sea hombre o mujer? ¿En qué rango de edad puede estar esta persona? Preguntas como estas pueden ayudarte a comenzar a definir tu audiencia ideal.

Crea una imagen de los clientes en tu cabeza

Recuerda, tu cliente ideal no tiene por qué limitarse a una sola persona. Puede crear un arquetipo que abarque varios rangos de edad, géneros o niveles de ingresos diferentes. Lo importante es que crees una imagen de estos clientes en tu cabeza, en otras palabras, que realmente consideres a estos clientes como personas reales y no solo recortes de cartón sin rostro frente a las pantallas de las computadoras. Haz una lista real de los clientes para los que crees que tu producto es adecuado y divídelos por datos demográficos como sexo, grupo de edad y ubicación.

Vea el valor de su producto o servicio

Si tienes problemas para determinar cuál va a ser tu cliente ideal, es posible que debas hacerte algunas preguntas definitorias para identificar quién consideraría valioso tu producto o servicio. Aquí hay algunas preguntas que puede usar para pintar un cuadro si tuvo problemas con esto en el paso anterior.

1. ¿Cuál es el problema y qué tipo de persona es probable que lo sufra más?

2. Si el cliente no se ocupa de este problema utilizando su producto o servicio, ¿cuál será el resultado? ¿Qué pasará si no actúan?

Comprenda su mercado

Obviamente, vas a ser un proveedor de nicho. Hoy en día, todas las pequeñas empresas de comercio electrónico son un proveedor de nicho. El mundo del marketing en Internet y el comercio electrónico es uno que requiere un nicho para competir, y cuanto más especializado sea un nicho, mejor (suponiendo que haya un mercado para él). Identificar a tu cliente ideal requiere que entiendas tu mercado íntimamente. ¿Te imaginas si Roy Raymond nunca se hubiera casado o intentado comprarle lencería a su esposa? ¿Victoria's Secret habría tenido tanto éxito como lo ha sido? Raymond pudo competir en la industria y hacer crecer su empresa hasta convertirse en el minorista de ropa íntima más grande del mundo.

Hasta ese momento, nadie había pensado en comercializar lencería para hombres. Era inconcebible. Después de todo, los hombres no usaban lencería. Pero Raymond descubrió que el cliente ideal era como él y, obviamente, como se conocía íntimamente, le resultó bastante fácil comenzar a comercializar a su cliente ideal. Creó la situación perfecta para tener éxito: identificó quién era más probable que comprara sus productos y luego dirigió sus esfuerzos de marketing hacia ellos. Eso no quiere decir que Victoria's Secret no se dirigiera también a las mujeres, lo hicieron, pero en ese momento la comercialización de lencería para hombres fue revolucionaria, y hizo rico a Roy Raymond.

Comprenda las opciones de sus clientes

El ejemplo anterior es también una demostración de este principio. ¿Qué opciones tiene el cliente ideal? Esto te ayudará a decidir quién es el cliente ideal, porque quieres que no tenga otra opción que tú mismo. Es por eso que la mencionada Victoria's Secret pudo convertirse en el minorista de lencería número uno en Estados Unidos. Los hombres no tenían otra opción a la hora de comprar lencería, excepto visitar las mismas tiendas en las que se habían avergonzado y probablemente no pudieron completar sus compras.

CAPÍTULO 4: EVALUACIÓN DE LA COMPETENCIA

A menos que realmente estés en el nicho de los pañuelos equinos, vas a tener competencia y probablemente mucha. Pero no es tan aterrador como parece. De hecho, la mayoría de las personas están luchando en su nuevo negocio de comercio electrónico al igual que tú, e incluso los que tienen su doo-doo juntos de los que puedes aprender algo. Por lo tanto, solo porque haya otros compitiendo en tu mismo nicho, no pienses que no vas a poder competir. En su lugar, míralo como un desafío y, lo que es más importante, piensa en algo único que puedas hacer o proporcionar que haga que la gente quiera venir a comprar contigo.

Cómo saber quién es la competencia

Si quieres evaluar a la competencia, primero tienes que saber quién es esa competencia. Si vendes zapatillas de tenis, puedes apostar a que las tiendas de atletismo, los grandes almacenes, los vendedores de zapatos en línea más pequeños y los sitios web de descuentos serán tu competencia. Incluso si no vendes zapatos, puedes contar con que Amazon compite contigo en casi todos los productos del mundo real que se te ocurran. Solo hay unos pocos pasteles en los que aún no han metido los dedos, y es solo cuestión de tiempo.

Pero, ¿qué pasa si vendes algo para lo que no es tan fácil definir a la competencia? Bueno, volvamos al pañuelo de confianza, también conocido como 'do rag. Algunas personas también los llaman pañuelos y tanto hombres como mujeres los usan, generalmente en la cabeza. Una búsqueda rápida en Google le mostrará que algunos de los principales competidores de 'pañuelo' son algunas tiendas del mundo real bastante conocidas como Hobby Lobby y Michaels. Por supuesto, Amazon está en la parte superior de los resultados de búsqueda para este término en particular. Por lo general, lo son.

Afortunadamente, no estás tratando de competir por pañuelos. Vas a hacer una lista de palabras clave que las personas usan cuando buscan un tipo particular de pañuelo. Para aprender lo que la gente está escribiendo, tienes dos métodos probados y verdaderos. El primero es el método de autocompletar de Google.

Uso de Google Instant para identificar sus productos y competidores

Si tienes activada la búsqueda instantánea de Google (también conocida como autocompletar), podrás ver sugerencias a medida que escribes. Es como si Google estuviera convencido de que no sabes lo que estás tratando de escribir en el campo de búsqueda. Aun así, es una excelente manera de ver lo que la gente está buscando y, después, ver qué empresas ofrecen esos productos.

Por lo tanto, si usara la búsqueda instantánea de Google cuando se trata de pañuelos, podría comenzar escribiendo la palabra 'pañuelo'. Desafortunadamente, este ejemplo no se presta bien a la demostración porque la mayoría de los términos descriptivos que reducirían su selección de pañuelos aparecen antes de la palabra, no después. Sin embargo, aún puede usar Google Instant para generar algunas ideas escribiendo una frase descriptiva y la palabra 'pañuelo' y luego ver qué más surge. Por ejemplo, si escribieras 'tiger stripe bandana' en Google Instant, podrías notar que 'camo bandana' aparece mucho.

Una vez que hayas determinado algunas de las palabras clave que describen productos similares a los que vas a vender, tu siguiente paso es ver quién está vendiendo con esas palabras clave. Es importante distinguir que, si bien puede utilizar este método para crear palabras clave para su propio sitio o incluso para crear un producto de nicho en particular para vender, el objetivo aquí es simplemente ver qué tipo de competidores están en el campo mediante el uso de palabras clave relacionadas. Lo ideal es que no encuentres muchos (léase: esperemos que ninguno) competidores que vendan exactamente lo que tú eres, pero si observas algunos de los productos relacionados, podrás desarrollar una imagen de la competencia.

Uso del Planificador de palabras clave de Google para determinar los competidores

Si estás en un negocio de comercio electrónico, vas a tener competidores que están tratando de clasificar para palabras clave al igual que tú. Es probable que hayan desarrollado su estrategia utilizando el Planificador de palabras clave de Google. Por lo tanto, si puede usarlo para obtener algunos de los términos de búsqueda más populares relacionados con su nicho en particular, podrá ver qué tipo de competencia existe. Todo lo que tienes que hacer es escribir algo relacionado con tu palabra clave y luego ver qué tipo de palabras clave aparecen. Desea utilizar la parte "Obtener ideas de palabras clave" del planificador y, si no está familiarizado con cómo usar la herramienta, Google ofrece una sección de tutoriales completa.

Echando un vistazo a la competencia

En cualquiera de estos casos, vas a terminar con resultados de búsqueda de empresas que venden lo mismo que tú. Lo que debes buscar son tiendas de comercio electrónico reales que vendan productos. Si te encuentras con un blog que habla de pañuelos (o de lo que sea que sea tu producto) y tiene artículos de afiliados de Amazon disponibles en la barra lateral, ignóralo. Solo desea evaluar sitios web de comercio electrónico que sean al menos tan serios como su sitio de Shopify.

Haz una lista de los competidores que aparecen una y otra vez cuando pruebas varias palabras clave relacionadas. Esas empresas, incluso si no venden exactamente lo mismo que tú, serán contra las que competirás, al menos por las palabras clave más populares. Es posible que se clasifique en la parte superior de una búsqueda de un nicho en particular (¿alguien quiere pañuelos de diseño equino?), pero eso no significa que vaya a obtener tráfico. Desea averiguar quién está compitiendo contra usted por las palabras clave que realmente le traerán tráfico.

Evaluación de esa competencia

Lo último que vas a hacer es decidir qué tan amenazante es realmente esta competencia para ti. Esta es en realidad una de las cosas más fáciles de hacer con Internet, porque el marketing en Internet es un negocio en auge que hay literalmente cientos de miles de herramientas de marketing que te permitirán echar un vistazo a lo que los demás están haciendo.

Es posible que recuerdes que el pagerank de un sitio solía ser un gran problema. Ahora bien, no es necesariamente un indicador de lo fuerte que es un sitio (aunque no se puede descartar por completo) y los backlinks son de la misma manera. Antes podías saber exactamente cómo podrías superar a un sitio apuntando a las mismas palabras clave y obteniendo más backlinks de los que tenían.

Ahora, Google ha cambiado drásticamente su algoritmo. Pero aún así se puede evaluar la fortaleza de una empresa observando algunos de los otros factores que existen. Por ejemplo: a Google le encanta que tengas contenido en tu sitio web, y cuanto más contenido de alta calidad, mejor. Si tienes un blog que publica artículos de calidad con regularidad, estarás preparado para ser considerado como un experto en ese campo en particular. El mundo del SEO y la evaluación de la fortaleza de un sitio web es una industria en sí misma, pero si aprendes qué hace que un sitio web sea fuerte, puedes hacer que tu sitio sea aún más fuerte y superar a la competencia.

CAPÍTULO 5:
Destacar entre sus competidores

Por lo tanto, ha aprendido a identificar su producto, a extrapolar una imagen de sus arquetipos de clientes ideales y a determinar qué tan fuerte es la competencia en el nicho particular en el que está tratando de competir. Pero, ¿cómo te das una ventaja sobre todas esas otras personas que compiten por los dólares que se gastan en tu nicho? En realidad, eso no es tan complicado como podrías pensar y tampoco es tan difícil. Además, te sorprendería saber cuántas empresas de comercio electrónico no logran dar este paso importante.

En cambio, estas empresas crean negocios de "corte de galletas" o "clones" que parecen una pálida imitación de cualquier sitio que estén tratando de emular. No hay nada de malo en tratar de tener éxito como tu tienda favorita, pero hay algo malo en crear un sitio web que se vea casi exactamente igual y venda los mismos productos. No quieres ser un clon de un sitio web que está vendiendo; Desea ser único en medio de estos sitios web exitosos que también lo harán exitoso. En otras palabras, no seas un seguidor. Convierta su negocio en un creador de tendencias: un líder en el campo y no tenga miedo de arriesgarse. Si desea que su negocio se destaque entre la competencia, aquí hay algunas formas de hacer exactamente eso.

Ir más allá

Si desea que su empresa se destaque entre todas las demás, entonces debe trabajar más duro de lo que están dispuestos a trabajar y eso significa dar más a sus clientes de lo que otras empresas están dispuestas a dar. Ya sea que eso signifique manejar su Twitter hasta altas horas de la madrugada para brindar atención al cliente, o pagar por opciones que mejoren la experiencia del cliente, descubrirá que las empresas que están dispuestas a hacer un esfuerzo adicional por sus clientes terminarán con compradores leales que rara vez irán a otro lugar, incluso si alguien más tiene un mejor precio. Hagas lo que hagas, no seas ordinario. Hay muchas empresas "promedio" que no tienen nada que las haga destacar por encima del resto; Si eres una empresa mediocre, obtendrás ventas mediocres.

Crea una marca ganadora

Si desea mantener el poder de permanencia en un mercado competitivo, debe hacer que su marca se destaque por encima de todo. Debes asegurarte de que eres la empresa en la que alguien piensa cuando piensa en un producto que vendes. Piense en algunas de las empresas más exitosas del mundo para diversos productos y servicios. ¿En quién piensas cuando piensas en pollo frito? ¿De la Iglesia? ¿KFC? ¿Qué pasa cuando piensas en herramientas y hardware? ACE es probablemente un lugar bastante alto en su lista. Esto se debe a que estas empresas han creado una marca ganadora. Han utilizado la publicidad, el marketing y el trabajo duro para convertirse en una de las principales empresas del país para ese nicho.

Haz que tu marketing sea memorable

¿Has oído hablar de los vídeos virales? Bueno, esa es una de las formas más efectivas en que las personas hacen que su marketing sea memorable. Los comerciales de la Superbowl son otra forma. El plan aquí es crear un esfuerzo de marketing que sea tan exitoso en quedarse en la mente de las personas que piensen en su marca más adelante, con suerte cuando estén en condiciones de comprar un producto o servicio que ofrece. No necesariamente tienes que crear un video viral para que tu marketing sea memorable (aunque si puedes lograrlo, ese es un método extremadamente efectivo para dar a conocer tu nombre), pero sí debes asegurarte de que cada esfuerzo de marketing que hagas sea tan memorable como puedas diseñarlo.

Crea un blog atractivo

Probablemente hayas escuchado que un blog es una de las mejores maneras de comercializar tu negocio. Esto es cierto por varias razones. En primer lugar, cuanto más contenido tenga en su sitio web, y especialmente si publica contenido nuevo cada semana, más autoridad se vuelve su sitio. En segundo lugar, con cada publicación de blog que creas, apuntas a más palabras clave y si puedes encontrar una manera de canalizar el tráfico que ingresa a través de tus publicaciones de blog a tu página de ventas, estarás convirtiendo esas publicaciones de blog en dinero contante y sonante.

Sin embargo, crear un blog no es suficiente. Tienes que crear un blog que la gente realmente quiera leer. Publicar una entrada de blog aburrida puede conseguirte algo de tráfico a tu blog con las palabras clave que creas, pero no va a hacer que la gente se quede y lea esa entrada de blog, ni va a hacer que quieran ir a tu tienda y comprar algo. Además, una alta tasa de rebote hará que su credibilidad ante Google y los demás motores de búsqueda vaya cuesta abajo.

Convierta su empresa en un experto en su campo

Si quieres que la gente te compre, conviértete en un experto en el campo en el que te encuentras. Por ejemplo, NAPA Auto Parts vende muchas autopartes porque las personas pueden ir a cualquiera de sus tiendas de repuestos y obtener asesoramiento experto sobre todo, desde qué pieza necesitan realmente hasta cómo instalarla. Si eres un experto en tu nicho, la gente te comprará.

Desarrollar una propuesta de valor única

Tener experiencia en un campo es importante, al igual que crear un marketing que la gente recuerde y una marca en la que puedan confiar. Pero todo eso es simplemente un precario castillo de naipes si no tienes nada de valor que ofrecerles. Quieres que la gente vea el valor de los productos que tienes, y eso se remonta a lo que discutimos en el primer capítulo: resolver un problema para ellos.

Piénsalo de esta manera: imagina que estás sentado en tu escritorio, con una tonelada de trabajo por completar. Llegaba la hora del almuerzo y te morías de hambre, pero no tenías tiempo de salir a buscar algo. Llega un vendedor que vende un sándwich por 15 dólares. Claro, ese es un precio bastante alto a pagar por un sándwich, incluso un sándwich de 12 pulgadas, pero tienes el dinero en el bolsillo y tienes hambre, así que haces la compra. Esa es una propuesta de valor única. El vendedor te ofreció algo valioso que nadie más te ofrecía.

Ahora imagina que el mismo vendedor llega después de que hayas pedido comida china a domicilio. Ya has comido y él viene con su sándwich de 15 dólares. No solo no encuentra valor en su propuesta, sino que ya no es única, porque otra empresa ya ha satisfecho su necesidad.

Cultiva tu "Factor X"

Por último, has oído hablar del "Factor X". Es una cualidad indefinible que tienen algunas empresas que hace que la gente quiera comprarles. No hay lógica detrás de esto como la hay para más de los otros elementos de esta lista. De hecho, la gente a menudo compra a una empresa de "Factor-X" a pesar de la falta de una buena razón. Aunque cultivar esa cualidad en particular es difícil, porque no hay instrucciones sobre cómo hacerlo, si puede lograrlo, estará en una posición mucho más efectiva para tener éxito en el comercio electrónico.

CAPÍTULO 6:
Comprender los productos digitales, físicos y de suscripción

Hay tres tipos diferentes de productos que puedes vender en Shopify: productos físicos como ropa o productos electrónicos, productos digitales como libros electrónicos, música y software y productos de suscripción en los que el consumidor paga una cuota mensual (normalmente) para formar parte de un programa o tener acceso especial a productos o información digital. Cada uno de estos diferentes tipos de productos tiene sus desventajas y ventajas y no necesariamente tienes que elegir solo uno. Muchas personas venden varios tipos de productos en su sitio web de Shopify. Cuál o cuáles elijas dependerá de ti.

Para que esa decisión sea más fácil, estas son algunas de las cosas que necesita saber sobre los diferentes tipos de productos que existen. Comprender lo que implica vender cada tipo de producto te ayudará a determinar con qué vas a llenar tu tienda Shopify. Comencemos con el tipo de producto más común que se vende en Shopify: el producto físico.

Vender artículos físicos en Shopify

Los productos físicos se venden en las tiendas Shopify de todo el mundo. Van desde computadoras, televisores y otros artículos costosos hasta artículos para el hogar, ropa, decoración, joyas y mucho más. Vender artículos físicos en Shopify puede ser una experiencia gratificante y satisfactoria, y sin duda puede ser lucrativa. Hoy en día, más personas compran en línea que nunca antes en la historia, y el número seguirá aumentando. Pero también hay algunas desventajas.

Por un lado, cuando vendes productos físicos tienes que preocuparte de hacerlos llegar al consumidor. En algún momento en el futuro, los objetos digitales y físicos pueden estar entrelazados, y la información se envía a una impresora 3D después de una compra que luego crea el producto en minutos u horas. Por ahora, todavía tenemos que hacer llegar los artículos a la gente a la antigua usanza y para su tienda eso significa enviarlos utilizando uno de los servicios que existen como el Servicio Postal de los Estados Unidos, FedEx o UPS.

Otra cosa que hay que tener en cuenta a la hora de decidir si vender o no productos físicos es el problema de los productos defectuosos, aquellos que se dañan al ser enviados al consumidor y otras devoluciones. Tendrás que crear una política de devoluciones y luego prepararte para un cierto porcentaje de devoluciones. Ese porcentaje va a ser muy bajo si vendes productos de calidad, pero pase lo que pase, vas a tener retornos.

Con los productos físicos tienes el inconveniente añadido de tener que comprarlos primero, y mantener un número determinado en stock. Hay algunas formas de evitarlo, de las que hablaremos en el capítulo nueve, pero para la mayoría de las tiendas, es necesario invertir en inventario, y el margen de beneficio será mucho menor que el de los productos digitales que crees. Si bien puede vender un libro electrónico de $ 20 que no le cuesta nada enviar a alguien, con una cantidad ilimitada de copias disponibles para enviar, en realidad tendrá que reemplazar el inventario físico, por lo que solo obtendrá su margen de beneficio como ganancia.

Vender artículos digitales en Shopify

El siguiente tipo de producto del que hablaremos es el producto digital. Un producto digital es aquel en el que solo existe en forma electrónica. No hay que enviar ningún producto físico porque el artículo se entrega electrónicamente al comprador. Los artículos digitales se han vuelto muy populares en los últimos años. Incluso algunos artículos que solían ser físicos ahora son casi completamente digitales, o al menos se ofrecen como una opción en formato digital.

Un buen ejemplo de ello es el eBook. Solía ser que si querías leer un libro, lo comprabas en la librería o lo sacabas de la biblioteca. Ahora, puedes comprar la versión digital de un libro y leerlo al instante. Incluso las bibliotecas se han vuelto digitales, lo que le permite sacar la versión digital de los libros y leerlos en su tableta, lector electrónico o teléfono inteligente, y devolverlo cuando haya terminado, tal como lo haría con un libro de biblioteca. Pero el libro electrónico es solo un tipo de producto digital que podría vender, y dado que Amazon es el rey del material de lectura digital, un libro probablemente no sea la mejor opción para vender un producto de todos modos.

Hay varias otras formas de productos digitales para vender. Uno de los tipos más comunes en la actualidad es la aplicación o 'app' para smartphones y tablets. Las aplicaciones para dispositivos móviles se diferencian de las aplicaciones normales en dos aspectos: una es que están pensadas para su uso con el sistema operativo de un dispositivo móvil como Android, en lugar de con un sistema operativo PC o Mac, y en segundo lugar, están hechas para ser lo más pequeñas posible porque hay un espacio limitado en la mayoría de los dispositivos móviles. Sin embargo, el software informático también es un producto digital viable, al igual que varias plantillas de sitios web y más.

Los cuatro tipos principales de productos digitales incluyen la imagen digital, el archivo mp3 o wav, el paquete de software o aplicación y el video digital. Todos estos tipos de medios se venden en Internet y constituyen casi todos los productos digitales que se venden. El software incluye juegos y programas populares como Microsoft Office y Skype, las películas se transmiten a través de Internet a televisores inteligentes e iTunes se ha convertido en uno de los proveedores de música digital más populares del siglo XXI. También hay un negocio en auge en las aplicaciones, e incluso las pequeñas empresas pagan para que se cree su propia aplicación.

En cuanto a la creación de sus propios productos digitales, o la venta de productos digitales de los que tiene los derechos, el potencial de ganancias es alto, ya que los bienes digitales cuestan poco o nada para producir, al menos después de la fabricación inicial, y puede cobrar casi tanto como un producto físico comparable si la demanda está ahí. Tendrás que decidir si tienes algo digital que valga la pena vender en tu sitio de Shopify.

Vender productos de suscripción en Shopify

El tercer tipo de artículo es el producto de suscripción. Los productos de suscripción son aquellos que se pagan regularmente y dan acceso a un área restringida de algún tipo. Por ejemplo, se podría crear una aplicación en un sitio web o descargarla que solo permitiera el acceso a la persona si tenía una suscripción actual. Un ejemplo de esto es un servicio de música como Pandora, que ofrece servicios gratuitos y basados en suscripción. Netflix es un servicio basado en suscripción que ofrece películas y programas de televisión a los suscriptores. Gamefly es un servicio de suscripción que permite el alquiler ilimitado de videojuegos y casi todos los sitios web de fotos de archivo que existen tienen algún tipo de servicio de suscripción.

Elegir un modelo basado en suscripción tiene una serie de ventajas para usted. En primer lugar, no sólo se gana dinero con la compra inicial. En cambio, puede ganar dinero todos y cada uno de los meses que la persona se suscribe. Además, muchas personas pueden configurar un servicio de suscripción que solo requiere un mantenimiento mínimo, lo que significa que pueden ganar dinero sin hacer mucho trabajo para ello. Sin embargo, debe proporcionar valor a sus clientes para que se suscriban y esto puede ser un desafío.

CAPÍTULO 7:
Convertirte en un experto en nichos

Una de las cosas que vas a tener que hacer para tener éxito en tus esfuerzos de comercio electrónico de Shopify es elegir un nicho y convertirte en una autoridad para ese nicho. Exploraremos lo que realmente significa convertirse en una autoridad en un nicho en particular y por qué es tan importante vender productos, así como algunas de las formas en que puede hacerlo. Pero primero, definamos qué es un experto en nichos.

¿Qué son los expertos en nichos?

Cuando se trata de venta al por menor, los expertos en nichos son aquellos sitios web donde las personas van a comprar productos en ese nicho porque confían en el experto en nicho. Un experto en nichos es un sitio web que ocupa un lugar destacado en Google para palabras clave de nicho particulares y a quién se puede encontrar recomendado en las redes sociales y de boca en boca y a quién se vinculan otros sitios web cuando alguien pregunta a quién deberían hacer una pregunta sobre ese nicho. Los expertos en nichos son sitios web que tienen la reputación de conocer el nicho en el que se encuentran y ser capaces de proporcionar no solo excelentes productos en ese nicho, sino también soporte para los productos, recomendaciones y un alto grado de confianza.

¿Por qué deberías convertirte en un experto en nichos?

Obviamente, hay una serie de ventajas para convertirse en un experto en nichos, pero la más importante es que ganarás más dinero. La gente quiere comprarle a alguien que sea un experto en un nicho en particular. Muchas personas prefieren comprar de un nombre que conocen y en el que confían en lugar de un sitio que vende casi todo. Es por eso que hay personas que todavía compran en Best Buy y otras tiendas de electrónica en línea o compran sus partes de computadora en Newegg en lugar de Amazon. Saben que el minorista es un experto en los productos que están comprando y pueden confiar en sus recomendaciones o en los productos que han enumerado.

Hay otras razones por las que también deberías convertirte en un experto en tu nicho. Por un lado, tendrá una clasificación más alta como resultado de los enlaces que obtenga y la reputación que logre como sitio de autoridad. Google reconocerá esto a partir de varios signos reveladores y le dará más jugo de clasificación. Además, la gente querrá enlazar contigo, por lo que también obtendrás tráfico de esas fuentes directamente. Además, cuando tiene un sitio de autoridad, es muy fácil expandirse a otras áreas relacionadas. Por ejemplo: si un sitio web se considera una autoridad en zapatos, se clasificará más alto y será más fácil si se expandiera a la ropa que un nuevo sitio web dedicado solo a la ropa.

Cómo convertir tu sitio de Shopify en un sitio experto de nicho

Entonces, ¿cómo crear un sitio de autoridad dentro de tu nicho que te brinde todos los beneficios mencionados en el último párrafo: poder clasificar más alto en Google, obtener más enlaces a tu sitio y más ventas porque la gente te considera una autoridad? No es tan difícil, pero requiere algo de tiempo y mucho trabajo duro. Hay dos tipos de autoridad, la autoridad de página y la autoridad de dominio, pero para los fines del sitio de comercio electrónico, debe concentrarse en la autoridad de dominio.

Vincular estrategias para construir autoridad

Lo primero que debes hacer si quieres que Google te considere un sitio de autoridad es decirles qué es lo que haces; no van a preguntar, así que cuando las arañas vengan a rastrear, querrás tener la estrategia de enlaces internos de tu sitio web en su lugar donde puedas mostrarle a Google en qué tipo de temas eres una autoridad.

Esto se hace creando fuertes vínculos entre las páginas de su sitio. Cada página debe estar optimizada para una palabra clave o grupo de palabras clave específicas y luego vincularse desde enlaces profundos dentro de su sitio. Eso significa vincular temas del mismo tipo entre sí. Por ejemplo, si tiene 10 productos que son herramientas o hardware, en cada página de esos diez, desea colocar algo como un widget de "productos relacionados" debajo.

Eso es lo bueno de Shopify: hace que tareas como esta sean muy fáciles de hacer. También debe crear una página que enumere todos los productos dentro de ese tema en particular y luego asegurarse de que Google sepa que esta es su página de "papá" para los productos secundarios que enumera, asegurándose de vincular a esa página 3-4 veces más de lo que vincula a una página de producto específica.

Estas páginas de "papá" se convertirán en las figuras de autoridad de su sitio, y Google entiende que, sea cual sea el tema del que traten estas páginas, ese tema es algo en lo que su sitio podría ser una autoridad. Entonces, supongamos que tu sitio era sobre hardware y tenías una página para martillos y otra para sierras. Se le clasificaría más alto para martillos y sierras que para cualquier otra herramienta que surja, incluso si vende esa herramienta en particular. Además, asegúrese de que está enlazando a estas páginas de "Papá" desde su página "Acerca de", página de contacto, pie de página u otras áreas de su sitio que no sean solo las páginas de sus productos.

La siguiente parte de la construcción de su autoridad es obtener enlaces de sitios externos, que no son de su propiedad ni frecuentados por usted, con el enlace que contiene palabras clave que están relacionadas con el tema de su sitio de alguna manera. Ahora, vas a obtener algunos de estos de forma natural, especialmente si las personas piensan que sabes de lo que estás hablando y se puede confiar en que recomendarás un producto o servicio en ese nicho. Pero para empezar, es posible que tengas que enviar algunos de esos enlaces por tu cuenta. La forma de hacerlo es escribiendo o publicando contenido relacionado en otros sitios, o simplemente encontrando un sitio que esté dispuesto a vincularse a usted. Tenga en cuenta que un enlace entrante no significa mucho para Google si no proviene de un sitio que esté relacionado con su tema de alguna manera, o si proviene de un sitio web de gran autoridad.

Creación de contenido de vídeo

La creación de contenido de video es otra excelente manera de dar a conocer su nombre, así como de atraer tráfico a su tienda. Si puedes hacer un video experto que demuestre que sabes de lo que estás hablando, y obtiene vistas en YouTube u otro sitio para compartir videos, obtendrás tráfico que llegará a tu tienda, siempre y cuando les proporciones un enlace para que naveguen allí. Si te sientes cómodo creando contenido de video, esta es una excelente manera de hacerlo.

Recomendaciones de Google sobre la creación de una página de autoridad

De hecho, Google ha recomendado que te hagas estas preguntas cuando intentes crear un sitio de autoridad. Si la respuesta es NO a alguna de estas preguntas, probablemente necesites arreglarlo.

1. ¿Tu contenido es original, no se parece a nada más en la web y definitivamente no está plagiado?

2. ¿Es práctico su consejo? ¿Está aconsejando a las personas que buscan una hipoteca que obtengan un libro de "Construcción para tontos" y lo construyan ellos mismos para ahorrar dinero?

3. ¿Corrigiste todas las faltas de ortografía, errores

gramaticales y errores tipográficos?

4. ¿Es valiosa la información que proporcionas? Proporcionar información obvia no lo convertirá en un sitio de autoridad.

5. ¿Está desordenado el artículo?

6. ¿Marcarías tu página como favorita?

CAPÍTULO 8:
Leyes, reglamentos y restricciones para
Tienda y negocio

Hay mucho en qué pensar cuando comienzas tu sitio web de comercio electrónico y si quieres seguir en el negocio, comprender las leyes y las regulaciones que rigen tu tienda va a ser primordial. Hay seis áreas principales en las que nos vamos a centrar en lo que respecta a las regulaciones, que abarcan aspectos muy diferentes de un sitio web de comercio electrónico. Esta información se basa en las leyes que rigen los sitios web de comercio electrónico con sede en los Estados Unidos y la información puede ser diferente si está comenzando su sitio en otro lugar. Además, puede haber otras regulaciones que rijan tu tienda si estás vendiendo un producto inusual o regulado.

Licencias comerciales

La primera legalidad que vamos a discutir es su licencia comercial. ¿Necesitas conseguir uno y cómo se consigue? Comencemos con lo que realmente es una licencia comercial. Una licencia comercial le da la capacidad de operar un negocio "con fines de lucro" en un área determinada, generalmente una ciudad o un condado. Si no tienes una licencia comercial y comienzas un negocio, puedes ser multado y la ciudad puede obligarte a cerrar tus puertas.

La licencia comercial se obtiene a través de cualquier oficina de la ciudad o del condado que las otorgue en su área y cada una tendrá diferentes requisitos o diferentes tipos de licencias, que pueden o no aplicarse a un negocio solo por Internet. Lo mejor que puede hacer es consultar con su oficina local de licencias y obtener la información actualizada de su ciudad y estado. También debe tener en cuenta que no puede hacer negocios con ese nombre hasta que tenga una licencia, lo que significa que los bancos no le abrirán una cuenta comercial a menos que pueda proporcionar prueba del nombre de su empresa, comúnmente llamado DBA.

La seguridad de su dominio y sitio web

Una de las razones por las que eliges Shopify es que hace que sea mucho más fácil construir una tienda porque la mayoría de las cosas difíciles ya están resueltas. Ese es el caso también con la seguridad del sitio. Shopify se ha ocupado de ese aspecto de tu sitio por ti y, de hecho, es uno de los sitios mejor valorados en lo que respecta a la seguridad. Mientras utilices la plataforma, las posibilidades de que tu tienda sea hackeada o de que la información financiera de tus clientes sea robada son extremadamente bajas.

Sin embargo, hay una cosa relacionada con el sitio web que tendrás que hacer, y es registrar un dominio. Un dominio será la dirección donde se encuentra tu tienda. Es una decisión importante porque tu dominio será la forma en que las personas encuentren tu tienda, y una de las formas en que Google sabe de qué se trata tu tienda.

Pago de impuestos

A continuación, hablaremos de cómo funcionan los impuestos. Hay dos tipos diferentes de impuestos que debe tener en cuenta: el impuesto sobre las ventas y el impuesto sobre la renta. Cuando tienes un negocio por tu cuenta, eres responsable de pagar ambos en cada artículo que vendes (generalmente) y cada dólar que ganas (casi).

Impuesto sobre las ventas: Cuando tienes una tienda electrónica, en realidad no tienes que pagar impuestos sobre las ventas de todo lo que vendes. Su estado solo requiere que pague el impuesto sobre las ventas sobre los artículos que vende a personas que viven en su estado, porque una transacción de usted a ellos significa que ha "hecho negocios" en ese estado y que está sujeto al impuesto sobre las ventas. Cuando se trata de los otros artículos que vendes, a personas en otros estados, no tienes que pagar impuestos sobre las ventas, por lo que solo tienes que configurar tu tienda para cobrar impuestos sobre las ventas a las personas que viven en tu estado.

Impuesto sobre la renta: El otro tipo de impuesto que tendrás que pagar es el impuesto sobre la renta. ¿Recuerdas cuando solías recibir un cheque de reembolso de impuestos al principio del año? Bueno, ese tiempo ya pasó. Ahora, pagarás impuestos sobre los ingresos que obtienes porque no tienes un empleador que retenga esos impuestos por ti. Por lo tanto, deberá reservar una parte de sus ingresos para pagar impuestos al final del año. Si estableces un cierto porcentaje en una cuenta de ahorros, y la cantidad real de impuestos que tienes que pagar es menor de lo que has ahorrado, entonces obtienes una especie de reembolso de impuestos.

No sabrás exactamente lo que tienes que pagar hasta fin de año porque puedes deducir tus gastos de tus ingresos y no pagar impuestos sobre ninguna cantidad que hayas gastado en la gestión de tu negocio. Sus gastos también pueden incluir parte de su alquiler, si trabaja desde casa, e incluso los gastos del vehículo si tuvo que conducir a cualquier lugar para su negocio, como a la oficina de correos para enviar artículos. Cualquier dinero que gastes en tu negocio, que pueda ser probado, lo puedes deducir antes de pagar impuestos. Un asesor fiscal puede ayudarte a asegurarte de que obtienes todas las deducciones que mereces.

Contratación de empleados

Cuando se trata de contratar empleados, hay varias leyes diferentes con las que deberá familiarizarse. Desde la retención de impuestos sobre la renta hasta las leyes que rigen las políticas de contratación, deberá consultar las regulaciones locales en su área, así como las leyes laborales federales. Es posible que piense que no necesita empleados en este momento, pero si su negocio crece hasta el punto en que ya no puede mantenerse al día con el envío, es algo que quizás desee considerar.

Estas son algunas de las leyes con las que tendrás que familiarizarte si decides contratar empleados:

- ☐ Regulaciones de salarios y horas
- ☐ Seguridad y salud en el trabajo
- ☐ Compensación al trabajador
- ☐ Beneficios y seguridad para los empleados
- ☐ Los sindicatos y sus miembros
- ☐ Protección de los empleados
- ☐ Normas que rigen a los uniformados
- ☐ La ley de protección contra el polígrafo de los empleados
- ☐ Embargo de sueldo
- ☐ Ley de Licencia Familiar y Médica
- ☐ Derechos laborales especiales para los veteranos

Regulaciones de envío

Vamos a entrar en cómo configurar tu envío en un capítulo posterior. Por ahora, solo debe tener en cuenta que existen algunas regulaciones de envío que rigen cómo debe etiquetar sus paquetes, cuándo necesita un seguro, qué sucede si decide enviar al extranjero y el tipo de materiales que puede enviar a través del correo de EE. UU. u otro remitente. En su mayor parte, Shopify ya se ha encargado de esto por ti con sus etiquetas de envío, para que puedas concentrarte en construir tu tienda y atraer clientes.

Regulaciones Especiales

Hay algunas regulaciones especiales que debe tener en cuenta si está ejecutando un sitio web de comercio electrónico. Sin embargo, en su mayoría tienen que ver con la seguridad del sitio y la protección de la información financiera de su cliente, algo de lo que se encarga Shopify. También hay algunas reglas que rigen la publicidad en línea que todos los propietarios de tiendas electrónicas deben revisar y luego también podría haber regulaciones especiales que rijan su producto en particular. Todas estas son cosas que deberá investigar y comprender antes de abrir su sitio de comercio electrónico por primera vez y antes de realizar su primera venta.

SEGUNDA PARTE: CONFIGURACIÓN DE SHOPIFY

Capítulo 9: Dónde conseguir tus productos

A menos que planees hacer tus productos de Shopify tú mismo, como joyas u obras de arte, tendrás que obtener tu inventario en algún lugar. Esto puede ser un desafío porque no solo necesita encontrar un proveedor confiable y de buena reputación del inventario que vende, sino que también debe poder comprarlo a un precio lo suficientemente bajo como para poder ganar dinero con el producto, lo que comúnmente se llama comprar al por mayor. Comprar al por mayor suele ser mucho más fácil si compras al por mayor, y para un sitio web de comercio electrónico más pequeño, esto podría no ser posible, especialmente si vendes productos físicos de gran valor como la electrónica.

Por supuesto, también hay que tener en cuenta los productos digitales. Los productos digitales pueden ser una gran parte de tus ingresos, sobre todo porque si los creas tú mismo, puedes venderlos sin ningún tipo de gastos generales. Luego, hay productos de suscripción a considerar, que podrían ser algo que agregues a tu tienda si tienes un servicio valioso por el que la gente va a pagar mes tras mes. Pero en cuanto a la obtención de productos, comencemos por dónde puede obtener su inventario físico.

Obtención de artículos al por mayor

Cuando se fabrica un artículo, idealmente, iría directamente a los minoristas y luego podrían agregar su margen de beneficio y vender el artículo en su tienda. Desafortunadamente, no sucede así en absoluto. Lo que realmente sucede es que el fabricante lo vende a un distribuidor, que luego lo vende a un mayorista (o viceversa) que luego lo vende al minorista, si tienes suerte. Incluso puede haber más intermediarios con su mano extendida a lo largo del proceso, por lo que el precio puede ser bastante alto cuando llegue a usted.

Las grandes tiendas como Walmart hacen suficientes negocios como para poder saltarse muchos pasos y comprar directamente al fabricante. Es por eso que pueden ofrecer a sus clientes precios tan bajos y ser capaces de rebajar los precios de la competencia. Pero como un sitio web de comercio electrónico sin ninguna influencia real, especialmente si no tiene el dinero para comprar al por mayor, va a comprar cerca de la venta al por menor en algunas cosas. Algunos mayoristas no le venderán a menos que compre una cierta cantidad y es posible que otros no quieran tratar con usted en absoluto. Los minoristas a menudo pasan años construyendo relaciones con sus proveedores para asegurarse de obtener el mejor precio posible.

Dónde buscar para comprar artículos al por mayor

Si desea comprar artículos al por mayor, debe comprender quiénes son los jugadores en su área. La industria mayorista cuenta con 50 de las mayores empresas distribuidoras que generan una cuarta parte de los ingresos de toda la industria. El mundo de la venta al por mayor es pequeño y hay una cadena de distribución definida a través de la cual los mayoristas abastecen. Es un club al que tienes que tener una invitación para formar parte.

En el nivel más alto están los fabricantes que toman la

materia prima y la convierten en un producto, o las empresas importadoras que la compran en otros lugares y la importan a los Estados Unidos. A continuación, esas empresas lo venden a los mayoristas o a los distribuidores responsables de una región, y que distribuyen el producto a las tiendas minoristas de esa zona. También hay corredores que son el intermediario entre las pequeñas empresas minoristas y los distribuidores.

El volumen y las relaciones significan descuentos

Cuando se trata de obtener el mejor precio en artículos, debe tener una de dos cosas, y probablemente ambas. Necesita comprar grandes volúmenes de productos, ya sean muchos artículos del mismo producto o simplemente un pedido grande, y debe establecer una relación con su mayorista. Si ha estado trabajando con el mismo mayorista durante un período de tiempo, comenzará a construir una relación, y esa relación asegurará que obtenga un buen precio en el futuro, incluso si no necesariamente está comprando tanto inventario como les gustaría venderle, ya que quieren mantenerlo en su buena gracia.

Dado que eres nuevo, es poco probable que tengas una relación con el proveedor, por lo que tendrás que trabajar para lograrlo y compensarlo comprando al por mayor con la mayor frecuencia posible. Aun así, hay mayoristas que venderán y enviarán a pequeñas empresas si los buscas. Es posible que no obtenga un precio tan bueno de estos mayoristas, pero a medida que se vuelva más y más conocido en los círculos de proveedores, podrá ascender en la escalera para llegar a un mejor proveedor.

Dónde buscar mayoristas

El mejor lugar para buscar mayoristas en estos días es probablemente Internet, ya que no conoce a nadie fuera de la web a quien pueda llamar. Definitivamente hay mayoristas que cotizan en línea y se comercializan a las empresas a través de la web. También hay asociaciones comerciales y directorios que puede utilizar, como Wholesale Central. Una forma en que puede encontrar el proveedor adecuado en línea es encontrar una tienda que venda algunos de los mismos productos que usted y enviarles un correo electrónico para pedirles una recomendación. Es posible que no quiera ayudarte si es un competidor tuyo, así que trata de encontrar a alguien con quien no estés compitiendo.

Además de Internet, puede encontrar mayoristas asistiendo a ferias comerciales. Hay docenas y posiblemente cientos de ferias comerciales a las que asisten mayoristas y, si puede asistir, es posible que pueda obtener un proveedor al que normalmente no habría tenido acceso. También puede leer revistas comerciales, particularmente la sección de clasificados, para encontrar mayoristas que suministren su producto en particular. También puede obtener recomendaciones de organizaciones empresariales como la SBA, el Centro de Desarrollo de Pequeñas Empresas y la cámara de comercio local.

También es posible que desee intentar hablar con el fabricante. Aunque probablemente no consigas que te vendan productos a los precios que venden a los mayoristas, es posible que te den algunas recomendaciones de las personas que se encuentran más abajo en la cadena de suministro y que atienden a las pequeñas empresas. Otra gran idea es visitar los foros de minoristas, especialmente los de comercio electrónico.

Por supuesto, siempre está el programa de afiliados de Amazon también.

Conseguir que los productos digitales se vendan

Dependiendo de cuál sea el producto digital que planeas vender, casi siempre puedes ganar mucho dinero con él. Es posible que haya oído hablar de Clickbank como el mercado digital para vendedores y afiliados. El problema con los productos de clickbank es que a menudo son demasiado caros porque el creador no vende tantos y tiene que ser una comisión de afiliado cada vez que vende algo. Sin embargo, Clickbank no es el único juego en la ciudad.

Averigüe qué tipo de producto digital le gustaría vender y si planea proporcionar ese producto digital usted mismo o si planea ser un afiliado de otra persona y luego busque en Internet productos que se ajusten a sus necesidades. Probablemente tendrás que hacer una investigación real, porque una vez que encuentres un producto, debes examinarlo cuidadosamente, pero pronto tendrás algo de inventario digital para vender.

CAPÍTULO 10:
Elegir el paquete de Shopify adecuado

Cuando comienzas a vender con Shopify, hay diferentes paquetes que elegirás para usar la plataforma para vender tus productos o servicios. Elegir el paquete correcto es importante porque determinará qué tipo de características obtienes con tu tienda y las herramientas que tendrás a tu disposición para administrar tu negocio. La forma más fácil de permitirle determinar qué paquete debe elegir es describir cada función que ofrece Shopify, según este gráfico, y luego marcar qué niveles de membresía tienen acceso a esa función.

En el momento de escribir este artículo, los planes de Shopify son los siguientes:

Lite: $ 9 por mes

Básico: $ 29 por mes

Pro: $ 79 por mes

Ilimitado: $179 por mes

Funciones ofrecidas por Shopify con la tienda en línea de membresía : **Básico, Pro, Ilimitado**

Con Shopify, aquí es donde todo comienza. Si desea tener una tienda en línea, debe elegir uno de los planes de membresía que la ofrecen: Básico, Pro o Ilimitado. Si eliges el plan Lite, no vas a conseguir una tienda.

Punto de venta: Lite, Basic, Pro, Unlimited

Obtienes la función de punto de venta con todos los planes. Lo que esto le brinda es la capacidad de aceptar pagos de la forma que necesite utilizando el POS de Shopify. Eso significa que puede aceptar pagos tanto en el mundo virtual como en el real y es fácil de configurar con una aplicación en su dispositivo móvil y un diseño intuitivo que no requiere capacitación alguna. Allí

es también un paquete adicional de venta al por menor que le brinda todo lo que necesita para vender en una tienda física.

Integración con Facebook: Lite, Basic, Pro, Unlimited

Con esta función, su tienda se integra completamente con Facebook, por lo que cuando las personas visitan su página, pueden ver los artículos que tiene en su tienda, actualizados cada vez que los cambia, y pueden hacer clic en su tienda y comprar si lo desean. Independientemente del plan que elijas, obtienes esta integración.

Integración con Pinterest: Básico, Pro, Ilimitado

Esta función viene con todos los paquetes, excepto con el paquete Lite, y le permite vender artículos de su tienda directamente en Pinterest comprar teniendo un botón de compra integrado en sus pines. Los pines comprables permiten a los clientes comprar sin siquiera salir de Pinterest y definitivamente podrían resultar en muchas más ventas.

Integración con Twitter: Básico, Pro, Ilimitado

Una vez más, viene con todos los paquetes excepto el Lite, y esta función funciona prácticamente igual que la integración de Pinterest. Cada vez que tuitees un producto, automáticamente incluirá un botón de compra, una imagen y una descripción del producto para que las personas puedan comprar sin siquiera salir de Twitter.

Botón de compra de Shopify: Lite, Basic, Pro, Unlimited

El botón de compra de Shopify es la forma en que puede agregar su botón de compra a cualquier sitio web que elija, y viene con todos los diferentes paquetes que ofrece Shopify.

Paquete de venta al por menor: Lite, Basic, Pro, Unlimited

Este es el costo del paquete adicional minorista. Con algunas características, obtienes un descuento con los paquetes de Shopify de mayor precio, pero con este en particular, el complemento minorista cuesta $ 40 sin importar qué paquete elijas.

Tarifas de tarjetas de crédito: Lite, Basic, Pro, Unlimited

Como se mencionó en la última función, algunos niveles le brindan diferentes costos. Este es un ejemplo de ello. Pagas menos comisiones por aceptar tarjetas de crédito cuanto más alto sea el nivel que elijas. Entonces, para los paquetes Lite y Basic, paga 2.9% más 30 centavos en línea y 2.7% más 0 centavos en persona, mientras que el paquete Pro solo le cobra 2.6% más 30 centavos en línea y 2.4% más 0 centavos en persona. El paquete Ilimitado le ofrece un descuento adicional: 2.4% más 30 centavos en línea y 2.2% más 0 centavos en persona.

Tarifas de transacción: Lite, Basic, Pro, Unlimited

Por lo tanto, para este paquete, no pagas ninguna tarifa de transacción con Shopify Payments, sin importar el paquete que elijas. Pero si utilizas pasarelas de pago externas vas a pagar un 2% en los paquetes Lite y Basic, y un 1% con el Pro. El paquete ilimitado solo le cobra medio por ciento de tarifas de transacción en pagos externos.

Número de productos: Lite, Basic, Pro, Unlimited

Independientemente del paquete que elijas, obtienes un número ilimitado de productos en tu tienda.

Soporte 24/7: Lite, Básico, Pro, Ilimitado

Todos los paquetes incluyen soporte 24/7. Si está pagando por un paquete con

Shopify, obtienes acceso al soporte las 24 horas del día, los 7 días de la semana, los 365 días del año.

Descuentos en etiquetas de envío: Lite, Basic, Pro, Unlimited

Cuando compras etiquetas de envío en Shopify, obtienes mayores descuentos con los paquetes de nivel superior. Con Lite y Basic, obtienes hasta un 50% de descuento en etiquetas de envío, mientras que obtienes otro 5% de descuento con Pro y otro 10% de descuento (para un total de hasta 60% de descuento) con Unlimited

Análisis de fraude: Lite, Basic, Pro, Unlimited

Independientemente del paquete que elijas, obtienes el galardonado análisis de fraude de Shopify para asegurarte de que estás protegido contra compras fraudulentas. **Creación manual de pedidos: Lite, Basic, Pro, Unlimited**

Una vez más, obtienes esta función sin importar el paquete que elijas. Lo que le brinda una función de pedido manual es la capacidad de ingresar un pedido manualmente sin que el cliente compre el producto en línea. Eso significa que si vende algo en el mundo real, aún puede aprovechar las funciones de Shopify ingresándolo en el sistema manualmente.

Sitio web y blog: Básico, Pro, Ilimitado

Con la excepción del paquete Lite, puedes tener un sitio web y un blog a través de Shopify con cualquiera de los niveles que elijas. Esto le permite bloguear y genera autoridad, así como le brinda una tienda de comercio electrónico. Los blogs también pueden ayudarte a posicionarte para más palabras clave.

Almacenamiento de archivos: Lite, Basic, Pro, Unlimited

No importa lo que elijas aquí, obtienes almacenamiento ilimitado de archivos.

Códigos de descuento: Lite, Basic, Pro, Unlimited

Los códigos de descuento le permiten realizar promociones y ofrecer a sus clientes un descuento cuando utilizan un código específico. Esta es una muy buena herramienta para saber de dónde proviene tu tráfico y qué métodos publicitarios funcionan mejor.

Tarjetas de regalo: Básicas, Pro, Ilimitadas

Con los paquetes Básico, Pro e Ilimitado, obtienes tarjetas de regalo que tus clientes pueden usar para regalar a otras personas o usar en una fecha posterior.

Informes profesionales: Pro, Ilimitado

Los paquetes Pro e Ilimitado son los únicos que te dan la posibilidad de ejecutar informes avanzados y ver lo que realmente está pasando en tu tienda. Obtienes algunos informes básicos sin esta función, pero son muy limitados y podría valer la pena actualizar a los paquetes Pro o Unlimited por sí solos.

Recuperación de carritos abandonados: Pro, Ilimitado

Esto permite a los clientes volver después de cerrar la página y encontrar su carrito de compras tal como lo dejaron.

Generador de informes avanzado: ilimitado

El único paquete en el que obtienes este generador de informes avanzado es el paquete Ilimitado y, de hecho, esta es una de las dos únicas características que solo puedes obtener con el paquete Unlimited.

Envío del transportista en tiempo real: ilimitado

Esta es la otra característica que obtienes solo con el paquete Unlimited.

CAPÍTULO 11:
Comparación de Shopify con otros ecom
Plataformas

Si está considerando usar Shopify, es posible que se pregunte si están a la altura de su afirmación como la mejor plataforma de comercio electrónico o si existe una mejor solución. Para ayudarte a responder a esa pregunta, en este capítulo repasaremos algunas de las principales plataformas de comercio electrónico y hablaremos de las ventajas y desventajas de cada una, así como de cómo se comparan con Shopify.

Una plataforma de comercio electrónico definida

Lo primero que haremos será definir qué es realmente una plataforma de comercio electrónico. Una plataforma de comercio electrónico es un programa de software que le brinda el marco para crear una tienda en línea. Esto significa que en lugar de tener que codificar cosas como páginas de productos, carritos de compras, botones de compra y otros elementos de diseño complejos. Todo eso se hace por ti cuando utilizas una plataforma de comercio electrónico. Todo lo que tienes que hacer es personalizar tu sitio con el diseño que deseas, generalmente mediante el uso de temas, y luego agregar tus productos y otra información. Es una manera fácil de construir una tienda en línea siempre que elija una plataforma que haga lo que necesita que haga.

Comparación: Shopify con otras plataformas

Hay muchas plataformas de comercio electrónico entre las que elegir, cientos, si no miles. Shopify es, con mucho, la más popular y la más utilizada de todas estas plataformas, pero ¿eso significa que es la mejor? Analizaremos las principales plataformas de comercio electrónico y veremos cómo se compara Shopify con cada una de ellas. Si Shopify es el mejor, debes saber por qué y ser capaz de comparar la plataforma de manera justa con todas las demás para tomar una decisión informada e imparcial. Entonces, comparémoslos uno por uno.

Las principales plataformas de comercio electrónico

Compararemos Shopify con tres plataformas que definitivamente están entre las cinco primeras con Shopify: Magento, Bigcommerce y Volusion. Compararemos cada uno con Shopify en función de los siguientes factores: precios, personalización del diseño, características, seguridad, marketing, informes, complementos y soporte. Estos son todos los componentes básicos del marco de cada plataforma de comercio electrónico que existen y, al observar estos ocho factores, puede decidir cómo se compara cada uno de ellos con Shopify y decidir cuál va a elegir, o si aún va a usar Shopify.

Precios

Primero, analicemos los precios. Magento es gratuito a menos que desee actualizar a la edición Enterprise, que es bastante cara. BigCommerce es el más caro del grupo con cuatro niveles de funciones, cada una aproximadamente el doble de lo que cuesta Shopify por mes.
Volusion y Shopify son muy similares en lo que respecta a los precios.

Personalización del diseño

Lo siguiente es la personalización del diseño. Todas estas personalizaciones de diseño se basan en temas. Todas las plataformas tienen algunos temas gratuitos y también hay temas premium. BigCommerce no cobra nada por su selección de 100 temas, pero la calidad es bastante baja. Volusion tiene un par de docenas de temas gratuitos y luego casi cien premium, y la calidad es comparable a la de Shopify. Magento tiene algunos temas gratuitos, pero la mayoría de los buenos son premium y pueden costar más de $ 150. Shopify y Volusion definitivamente tienen lo mejor de los cuatro y los temas de Shopify son un poco más de calidad.

Características de la interfaz

Estos cuatro son casi comparables cuando se trata de características de frontend. El único problema realmente radica en la plataforma BigCommerce, que no es muy limpia. Sin embargo, tiene más funciones que cualquier otra plataforma para compensarlo. Todos los diseños de la interfaz son adaptables a dispositivos móviles, por lo que no tienes que preocuparte por eso.

Características del backend

BigCommerce es el claro ganador aquí cuando se trata de funciones de backend. Hay suficiente personalización para permitirle hacer que su tienda se vea de la manera que desea y la interfaz es muy agradable y limpia. Shopify también tiene una interfaz limpia y es bastante robusta, aunque no tan agradable como BigCommerce. Tanto Volusion como Magento tienen backends que tienen una curva de aprendizaje muy empinada y, aunque Magento ofrece una gama mucho mayor de características, es casi imposible para los usuarios primerizos hacer que el backend haga lo que quieren sin aprender primero gran parte de la información del tutorial.

Seguridad

Shopify es el claro ganador aquí debido al alojamiento que ofrecen y al hecho de que cuentan con una red de entrega de contenido (CDN) y cumplen con PCI. BigCommerce también es bastante seguro, pero no cuenta con una CDN. Volusion proporciona alojamiento y tiene un cumplimiento de CDN y PCI, pero debe pagar por el cifrado que Shopify ofrece de forma gratuita. Magento requiere que obtenga un alojamiento externo que le cuesta más por mes, pero la edición básica de Magento es gratuita para compensarlo.

Marketing

El marketing abarca varios aspectos, como el SEO, las redes sociales y mucho más. Cuando se trata de SEO, el gran ganador es BigCommerce, ya que la personalización del SEO está muy bien planificada y es bastante robusta. Shopify solo tiene las funciones básicas de SEO y Volusion es aún peor. Sin embargo, Magento tiene todo integrado para SEO de la manera que lo necesitaría.

En cuanto a la integración de redes sociales, todas son casi iguales, excepto Magento, que no ofrece ninguna integración de redes sociales. En cuanto a la función de boletín, tanto Volusion como Magento las tienen incorporadas. Shopify y BigCommerce no tienen un boletín informativo incorporado, pero se integran fácilmente con aplicaciones de terceros para esta función.

Todas las plataformas ofrecen las mismas funciones básicas de promoción, como descuentos y códigos de cupón. Además, todos ellos admiten la venta de artículos a través de otros canales y le permiten utilizar las herramientas de marketing en el sitio para empezar a atraer tráfico.

Informes

En cuanto a los informes, todos ofrecen más o menos lo mismo. Las funciones de informes y estadísticas de estas plataformas son básicamente las mismas y le brindan la información que tanto necesita sobre las tasas de conversión, las tasas de rebote y una descripción general de los productos que está vendiendo. No hay un ganador claro aquí cuando se trata de esta función.

Complementos

Todas estas plataformas también ofrecen complementos que ampliarán la usabilidad de la plataforma y le brindarán aún más funciones de las que tenía antes. Tienen secciones de aplicaciones de cada plataforma por las que puedes navegar y decidir cómo quieres expandir tu tienda. Lo que pasa con las aplicaciones es que cambian constantemente y cada plataforma siempre se mueve junto con las demás, por lo que realmente no se puede elegir un ganador claro en función de esto. Lo que tienes que hacer en su lugar es decidir cuál vas a usar y luego hacer un seguimiento de los complementos que ves.

Apoyo

Bien, ¿y qué pasa con el soporte? Empecemos por Shopify. Independientemente del paquete que elija, incluido el paquete básico de $ 9 al mes, obtiene soporte las 24 horas del día, los 7 días de la semana. BigCommerce tiene un gran centro educativo y puede ponerse en contacto con el soporte las 24 horas del día, los 7 días de la semana y en horario limitado los fines de semana. Volusion ofrece soporte telefónico, chat en vivo y correo electrónico las 24 horas del día, los 7 días de la semana, y luego Magento es el que tiene una seria falta de soporte a menos que actualice a la costosa versión Enterprise. Sin embargo, puede visitar foros para obtener ayuda con Magento .

CAPÍTULO 12
Shopify – Configuración inicial

Este capítulo está destinado a guiarte a través de la configuración inicial de tu tienda Shopify. Aunque se ha hecho todo lo posible para garantizar la precisión, las cosas pueden ser ligeramente diferentes cuando lea esto, ya que Shopify podría cambiar la forma en que funciona su plataforma en cualquier momento. Sin embargo, debería permitirte configurar tu sitio incluso si las instrucciones han cambiado porque Shopify es una de las plataformas más intuitivas y fáciles de usar que existen.

Comencemos con el registro inicial si aún no lo ha hecho. Puedes registrarte fácilmente yendo a http://www.shopify.com. Enel momento de escribir este artículo, la plataforma ofrece una prueba de catorce días que le permitirá explorar y probar la interfaz sin gastar un centavo. Cuando visite el sitio por primera vez y haga clic en el botón de prueba gratuita justo en el centro, solo necesitará ingresar tres datos para comenzar: su nombre, su correo electrónico y el nombre de su tienda. No te preocupes, si quieres cambiar el nombre de tu tienda más adelante, puedes hacerlo desde la página "Configuración".

Primeros pasos: La interfaz de Shopify

Lo mejor de la interfaz de Shopify es que es muy similar a Wordpress, una plataforma con la que la mayoría de la gente ya está familiarizada. Incluye el mismo diseño de backend con el que normalmente crearía páginas y publicaciones con Wordpress. En este caso, está administrando sus pedidos, agregando productos y cambiando su configuración. Por lo tanto, su interfaz inicial tiene las siguientes secciones en la barra lateral izquierda.

Búsqueda: Este es el primer elemento de la barra lateral, una función de búsqueda universal que le permite encontrar casi cualquier cosa dentro de su sitio, incluido un cliente específico, un determinado producto o incluso las publicaciones de blog que haya realizado.

Inicio: Este botón simplemente te lleva de vuelta a tu página de "inicio" inicial dentro de la interfaz de backend.

Pedidos: El tercer elemento de la lista de la barra lateral es la sección "Pedidos" y tiene tres subsecciones dentro de la página de pedidos. Puede echar un vistazo a los carritos abandonados, así como a los pedidos reales que hayan llegado. También tiene una sección de 'Borradores' que le permitirá enviar pedidos desde su página de administración, así como facturas y más.

Productos: A continuación están los productos que componen tu tienda. Entraremos en los productos con mucho más detalle en el próximo capítulo, pero como descripción general básica, tiene un lugar para agregar productos a su tienda, un lugar para administrar el inventario y obtener informes detallados sobre su stock, un lugar donde puede transferir y rastrear los productos entrantes, una sección para tarjetas de regalo y una sección para colecciones.

Clientes: Uno de los principales beneficios que tiene Shopify sobre otras plataformas de comercio electrónico es la cantidad de información que obtienes y esta sección es un ejemplo perfecto de eso. Puede realizar un seguimiento de todos sus clientes con esta función, lo que le permite ver instantáneamente el nombre de alguien, las compras anteriores, la información pertinente como la ubicación y esta sección incluso almacena una imagen para que pueda reconocerlos si se encuentra con ellos cara a cara por primera vez.

Informes: Una vez más, Shopify es tan poderoso específicamente debido a características como esta. Tiene la capacidad de ejecutar informes sobre casi cualquier aspecto de su negocio y podrá ver todo con claridad y comprender cómo van sus esfuerzos de marketing, qué productos se están moviendo y cuáles se están vendiendo demasiado lentamente, así como una serie de otras opciones. Estos son algunos de los casi dos docenas de tipos diferentes de informes que puede ejecutar.

- ☐ Visitantes por sitio de referencia
- ☐ Los visitantes en función del tipo de dispositivo que están utilizando
- ☐ Visitantes por ubicación
- ☐ Análisis de hábitos de compra y carritos
- ☐ Informes fiscales
- ☐ Formas de pago
- ☐ Ventas por mes, hora o por cliente, así como varios otros potentes informes de ventas

Descuentos: La siguiente sección que veremos es la sección de descuentos, donde puede crear códigos promocionales y programas de recompensas para que los clientes regresen a su tienda o para rastrear varios canales promocionales y determinar qué esfuerzos de marketing son los más efectivos. Puede crear cualquier tipo de código promocional que desee y hay tres formas diferentes en que puede darles un descuento.

Primero, puede darles un porcentaje de descuento, lo que significa que obtienen un cierto porcentaje de descuento en toda su compra. Usted especifica cuál será el porcentaje y luego decide si obtienen ese porcentaje de la cantidad total o un porcentaje de los pedidos de una cierta cantidad o más. También puede especificar un porcentaje de descuento para un grupo específico de productos o para un producto específico. Por último, puede ofrecer un descuento a un cliente individual.

El segundo tipo de descuento que puede hacer es un monto de descuento en dólares. En lugar de dar a los clientes un porcentaje de descuento, puede darles una cantidad específica de dinero en un producto y, nuevamente, tiene varias opciones en cuanto a dónde desea que puedan aplicar este descuento, incluidos los pedidos superiores a una cierta cantidad de dólares, para un producto o categoría en particular o para un cliente individual.

Finalmente, puede hacer un descuento de envío gratuito que se aplica a pedidos superiores a una cierta cantidad y se puede personalizar solo para los EE. UU., envío fuera de los EE. UU. o en cualquier parte del mundo. Los códigos promocionales también pueden tener un cierto número de veces que se pueden usar, por lo que si solo desea que las primeras 100 personas obtengan un código promocional que funcione, por ejemplo, puede establecer las fechas en que se pueden usar sus códigos promocionales.

La siguiente sección de la barra lateral es la 'Tienda en línea', que es una serie de configuraciones que controlan el lanzamiento de su tienda, el tema que elige y cómo se configura, las publicaciones de su blog que funcionan en paralelo con su tienda, la forma en que está configurada su navegación y los dominios que tiene dirigidos para alojar su tienda, incluidos los subdominios o los dominios de reenvío.

La configuración de aplicaciones le dará dos opciones. La primera es la opción de ver qué aplicaciones ya tienes instaladas y configurarlas cada una individualmente, de forma similar a como funcionan los plugins con Wordpress. También puede visitar la tienda de aplicaciones de Shopify, que no solo contiene aplicaciones creadas por Shopify, sino que es una especie de área de "código abierto" donde cualquiera puede crear una aplicación que luego se puede instalar en su sitio de Shopify. Muchas de las aplicaciones enumeradas aquí son gratuitas, pero otras cuestan entre uno o dos dólares y veinte dólares o más.

Por último, está el área de configuración, que te permite

establecer todo, desde el nombre de tu tienda (si quieres elegir un nombre diferente) hasta configurar tus datos de pago y elegir qué tipo de opción de pago vas a utilizar para tu tienda. También puede configurar todas sus opciones estándar de comercio electrónico, como en qué estados va a elegir el impuesto sobre las ventas y cuánto será ese impuesto sobre las ventas. También configurará sus opciones de envío aquí y entraremos en la mayoría de los artículos de esta área en un capítulo diferente.

CAPÍTULO 13
Añade tus productos a tu tienda

La tarea de agregar sus productos a su tienda ocupará la mayor parte de su tiempo a menos que pueda encontrar una manera de automatizar un poco el proceso. Hay cosas que puedes hacer para acelerar la adición de productos, como importar tu inventario mediante un archivo CSV, y también hablaremos de ello. El objetivo de este capítulo es hacer que sea lo más fácil e indoloro posible agregar sus artículos a su tienda junto con la información adecuada para el envío, los precios y la categorización. Esta será una guía paso a paso que cubrirá todos los aspectos de la adición de productos, ya que podría decirse que es la parte más importante de tener un sitio web de comercio electrónico.

Explorando la sección de productos

Lo primero que haremos es una descripción general rápida y una exploración de la sección de productos de tu tienda Shopify. Hay dos partes básicas que debe tener en cuenta. La primera es la sección del tutorial, donde puedes aprender a través de instrucciones de texto y capturas de pantalla, exactamente cómo puedes crear tus productos, y la sección real donde agregas y editas tus productos, así como otras tareas relacionadas.

La sección de ayuda

Para llegar a la sección del tutorial, simplemente haga clic en 'Productos' en su página de administración y luego desplácese hacia abajo para hacer clic en el enlace en la parte inferior que dice 'Más información sobre los productos'. Esto te llevará al tutorial visual que te enseñará todo lo que necesitas saber. Repasemos rápidamente la sección del tutorial para que pueda comprender dónde obtener ayuda cuando la necesite. Hay diecinueve secciones separadas que pertenecen a productos en la sección de ayuda, que en realidad es parte de todo el manual de Shopify. Otra forma de acceder a él, sin tener que ir primero a la página de productos, es escribir docs.shopify.com y luego, cuando aparezca la sección de ayuda, simplemente haga clic en el enlace 'manual'. Desde allí, podrás acceder a la enorme cantidad de información de ayuda que Shopify te proporciona sobre todo, desde productos hasta tarjetas de regalo.

Introducción a la adición de productos

Entonces, ¿qué son exactamente los productos? Son los artículos que están a la venta en tu tienda. Tiene productos específicos que tienen sus propias imágenes y es posible que también tenga una cantidad particular. La adición de un producto es un proceso de cuatro pasos.

- ☐ Paso uno: Agregar un título de producto, que funciona de la misma manera que agregar una publicación de Wordpress.

- ☐ Paso dos: Agregar imágenes para ese producto. Puede agregar más de uno, pero también tendrá una imagen de producto principal.

- ☐ Paso tres: Agregar una descripción del producto. Si bien el título debe describir su producto, la descripción será lo que realmente venda su producto al cliente.

- ☐ Paso cuatro: Crea variaciones de tu producto. Por ejemplo, puede tener diferentes tamaños, diferentes colores u otras variantes.

Añadir tu primer producto

Para agregar tu primer producto, tendrás que volver a la página de administración de Shopify, suponiendo que estés dentro de la sección de ayuda. La forma más fácil de hacerlo es simplemente ingresar www.shopify.com enla barra de direcciones y luego presionar enter. Te llevará de vuelta a la página de administración. Desde allí, haga clic en el enlace productos en la barra lateral y podrá agregar un nuevo producto.

Primero, haga clic en 'Producto' y luego haga clic en el botón azul grande que dice 'Agregar producto'. Esto te llevará a una página de entrada que se parece mucho a una página de 'agregar nueva publicación' de Wordpress. Deberá completar la siguiente información si desea agregar su producto a su tienda.

1. Título: Por ejemplo, si estuvieras comenzando una tienda de ropa, aquí sería donde pondrías un estilo específico de camiseta. Por ejemplo: 'camisetas lisas'. No querrás agregar información adicional como el tamaño o el color todavía.

2. La siguiente es la descripción del producto. Aquí es donde escribirá la información que venderá este artículo a un cliente potencial. Por ejemplo:

"Estas camisetas 100% algodón son cómodas y elegantes, y son el complemento perfecto para pantalones y un cinturón, para proteger la piel de los tirantes y van debajo de las camisas de vestir para ocasiones formales. "

3. A continuación, desea agregar las imágenes de sus productos. Puede agregar más de una imagen si lo desea, pero debe tratar de ser selectivo y solo agregar imágenes que sean necesarias para mostrar un aspecto diferente de su artículo, por ejemplo: un color diferente. Además, puede incluir texto alternativo a la imagen que ayudará tanto para fines de SEO como para describir la imagen si no se muestra por alguna razón.

4. En la barra lateral derecha en la parte superior verás la visibilidad, que es donde quieres que se vea el producto (es decir, la tienda principal) y la fecha visible, que es

simplemente la fecha en que estás almorzando ese producto. Probablemente será el mismo día que lances tu tienda, pero a veces, la gente tiene un producto que sale en un día específico.

5. A continuación, rellenará la información de su organización. Esto significa que identificará en qué parte del árbol de la organización encaja este elemento. Por ejemplo: Si se trata de una camiseta, probablemente encaje dentro de la categoría 'camisetas'. Lo identificará aún más mediante la creación de un proveedor. Esta es una herramienta útil no solo para organizar sus productos, sino también para mantener a cuál de sus proveedores pertenece este producto para que pueda volver a pedirlo cuando se venda. Si está haciendo consignación, esto también es útil.

6. El último elemento de la barra lateral es la herramienta de búsqueda de colecciones, de modo que puede agregarlo a las colecciones de artículos que ayudarán a sus clientes a encontrar artículos dentro de colecciones específicas y podrían ayudarlo a realizar más ventas al brindar a los visitantes algo más para mirar después de haber revisado este artículo.

7. En la parte inferior, decidirá el precio del producto y luego elegirá un precio para compararlo. Esta es simplemente una forma de crear un precio de venta, con el

El precio "Comparar a" es el precio original y regular, y el precio de venta es el precio por el que está vendiendo el artículo "ahora", de esa manera, puede mostrar un precio más alto.
precio "original" para que los clientes piensen que el precio ha sido rebajado. También puede marcar la casilla que le dirá al sitio web que cobre impuestos sobre ese artículo en particular, sin importar la ubicación de la persona que lo compra.

8. Establecerás los números de seguimiento de inventario en las dos casillas siguientes. El primero será su SKU o "Unidad de mantenimiento de existencias" y el otro será su código de barras, o en el caso de un libro, su número internacional normalizado de libros (ISBN).

   En la siguiente sección, agregará el peso del envío utilizando onzas, libras, kilogramos o gramos y configurará los códigos arancelarios internacionales que se apliquen.

9. Cerca de la parte inferior se encuentra la parte más poderosa de la lista de productos: las variantes. Elija el nombre de cada variante, como tamaño, color, etcétera, y establecerá un valor de variante para cada una de las variantes que cree para aplicarlo a este producto en particular, que a su vez también se aplicará a productos similares.

10. La última parte de la lista principal de productos es la vista previa de SEO, que le permitirá ver el título HTML y la descripción que ha creado, así como establecer las opciones de SEO del sitio web si es necesario.

Transferencias de productos

Otra característica extremadamente poderosa que incluye la lista de productos o la página "Agregar producto" es la capacidad de administrar transferencias. Las transferencias hacen que sea extremadamente fácil rastrear y actualizar tu inventario entrante al permitir que Shipfy realice un seguimiento por ti. Para configurarlo en tus listados de artículos, haz clic en el enlace "editar" de la sección de variantes. Ve a la sección de inventario y elige "Shopify rastrea el inventario de este producto" en el menú desplegable. Una vez que hayas configurado el producto para que Shopify lo rastree, puedes crear una transferencia.

Para ello, haga clic en la segunda opción de la barra lateral del producto (Productos, Transferencias, Inventario, etcétera). Registrará el inventario entrante de un proveedor (nota: esta no es la información de marca o proveedor que creamos anteriormente.

Aquí es donde realmente compra el producto, mientras que el proveedor se parece más a la marca del artículo). Una vez que hayas llegado a la página de transferencias, haz clic en "Añadir transferencia" y elige tu proveedor (o crea uno nuevo si es necesario). También deberás rellenar la fecha de llegada de tu transferencia de inventario. Encuentre los artículos que va a recibir en esa orden de transferencia y tenga especial cuidado de obtener las cantidades correctas porque no puede cambiarlas una vez que llegue la fecha de inventario. Cuando haya ingresado todos los productos que recibirá en esa entrega en particular, simplemente lo guarde.

Seguimiento de inventario, colecciones y tarjetas de regalo

Una vez que haya ingresado el inventario en su base de datos, podrá verlo y rastrearlo de un vistazo haciendo clic en la tercera opción en la sección de productos: inventario. Podrá aceptar o rechazar artículos de un proveedor una vez que haya llegado la fecha para que el pedido llegue allí, y también puede hacer clic en la cuarta opción de la lista para ver sus colecciones, incluida la posibilidad de ver las colecciones que ha creado y obtener una vista panorámica de esa parte en particular de su tienda. También podrá configurar tarjetas de regalo para la venta en esa sección, lo que les dará a los clientes tarjetas de regalo virtuales para comprar.

CAPÍTULO 14
Configurar el envío

Dos de los aspectos importantes de tu tienda de comercio electrónico son los gastos de envío y los impuestos. Deberá crear políticas de envío y determinar qué empresa va a utilizar para realizar su envío. Es posible que tengas que ofrecer más de uno. Elijas lo que elijas, también tendrás que configurar las opciones para trabajar con tus productos para que tus clientes puedan elegir las opciones de envío que prefieran. No querrás tener una sola política de envío. A veces, sus clientes pueden estar dispuestos a pagar más para que su artículo se entregue lo antes posible y una tienda que ofrece múltiples opciones de envío que los clientes desean se ganará la lealtad de esos clientes.

Las diversas opciones de envío

Hay varias opciones diferentes que tiene cuando se trata de envío. Lo que elijas dependerá completamente del tipo de artículos que vendas, de lo que creas que preferirán tus clientes y de lo que sea más rentable para ti. Repasemos las cuatro opciones de envío diferentes entre las que tienes que elegir a la hora de planificar tu tienda.

Tarifas de envío manual

La primera de las cuatro opciones es el envío manual. En el envío manual, usted mismo establece las tarifas y utiliza los servicios de envío que desee ofrecer a los clientes, o incluso ofrece la recogida del cliente en lugar del envío. La ventaja que tiene este método es que puede agregar fácilmente costos incidentales o tarifas de manejo, que a veces son necesarias dependiendo de lo que esté planeando enviar. La desventaja de este método es que los costos calculados suelen ser más de lo que los clientes esperan pagar por el envío y no coincidirá si deciden verificar los costos de envío ellos mismos, ni tiene la flexibilidad para enviar una variedad de diferentes pesos, tamaños y similares.

Por ejemplo, con el envío manual, puede establecer un costo de envío que se base en el peso esperado de un artículo, pero si el artículo pesa más de lo que anticipó, usted mismo pagará el costo de envío adicional. Por otro lado, si le cobras a un cliente por enviar algo y el peso es menor de lo que esperabas, es probable que te cueste menos enviarlo, lo que te permitirá embolsarte la diferencia, pero es posible que tus clientes no estén contentos con el precio que pagaron por el envío. Finalmente, tiene la desventaja de casi tener que configurar los costos de envío para cada producto si tiene una amplia variedad de tamaños y pesos, ya que puede ser difícil calcular el peso y las dimensiones en una amplia variedad de envíos.

La única vez que esta es la mejor opción para elegir es cuando requiere tarifas de manejo especiales debido a los productos que está enviando y todos sus productos son básicamente del mismo tamaño y peso. Por lo tanto, puede establecer un costo de envío estándar de $ 5 o $ 10 o lo que elija usar como tarifa de envío manual. Por supuesto, si no tiene una opción de envío y simplemente desea cobrar una tarifa de manejo por la recogida del cliente, esta es la mejor opción para elegir porque puede establecerla en una cantidad de manejo estándar. Muchos propietarios de tiendas también utilizan esto para cobrar una tarifa de entrega dentro de su área de entrega local.

Envío de Shopify USPS

El método de envío estándar utilizado por Shopify es USPS o el Servicio Postal de los Estados Unidos. Si está sellando una variedad de artículos, con varias dimensiones y pesos, esta puede ser una opción muy útil. Por un lado, obtienes el beneficio del envío de tarifa reducida porque lo estás usando con Shopify. Otra ventaja que tiene este método es que puedes configurarlo casi instantáneamente sin ninguna configuración real. Lo único que tienes que configurar tú mismo es el peso y las dimensiones de tus productos. La opción de envío de Shopify USPS funciona de manera muy similar a la que ofrece Ebay, por lo que si alguna vez has vendido algo en ese sitio de comercio electrónico, probablemente ya sepas cómo funciona.

En caso de que nunca hayas vendido nada en Ebay o no estés familiarizado con cómo funcionan sus políticas de envío, aquí tienes una visión general del programa de envío estándar USPS de Shopify. Ingresa las dimensiones del contenedor de envío en el que vas a transportar tus artículos y acércate lo más posible al peso (después) de colocarlo en el contenedor de envío, y Shopify ofrecerá a tus clientes varias opciones de envío dependiendo de qué tan rápido quieran que llegue su pedido. Las opciones que verán dependerán de varios factores, como el tipo de artículo que se envía, el tamaño, las dimensiones y el peso, y el tipo particular de envío que se ofrece en ese momento.

Hay varios beneficios importantes al usar esta opción en lugar de cualquiera de las otras. El beneficio para sus clientes es que pueden ver exactamente lo que les va a costar el envío y pueden elegir el envío que desean y están dispuestos a pagar. El beneficio para usted, el comerciante, es que cuando utiliza el envío USPS de Shopify e imprime sus etiquetas, obtiene un descuento en el costo de envío.

¿Recuerdas en la comparativa de los diferentes niveles de pago que ofrece Shopify? Uno de los factores que se vieron afectados por el nivel que eligiera fue cuánto pagaría por el envío. Con la opción básica por $ 29 al mes, obtuvo un 50% de descuento en las etiquetas de envío. Una actualización al plan Profesional por $ 79 al mes le dio un 55% de descuento en las etiquetas de envío y el plan Ilimitado de $ 179 le dio un descuento del 60% en las etiquetas. Por lo tanto, puede ver que existe una correlación directa entre lo que paga y lo que ahorra cuando se trata de envío y si puede estimar cuánto envío hará, puede calcular qué plan elegir solo en función de los costos de envío. Por supuesto, también hay otras características que vienen con los planes de nivel superior.

Gastos de envío calculados por el transportista

UPS y FexEx, así como algunas otras compañías de envío, le proporcionarán una API de envío que le permitirá calcular los costos de envío en tiempo real para esos servicios de envío. Obviamente, este es un gran beneficio para los clientes que prefieren un método de envío diferente a USPS o que pueden ahorrar dinero enviando su compra con FedEx u otro remitente, pero este método tiene una desventaja decisiva para usted, ya que debe elegir el plan Ilimitado para poder usarlo. Por supuesto, si está eligiendo el plan ilimitado porque va a enviar suficiente USPS para garantizar el costo adicional, tendría sentido ofrecer también opciones de envío adicionales. Sin embargo, no obtendrá el descuento en ningún envío de UPS o FedEx.

Servicios de envío directo o cumplimiento

El cuarto tipo de opción de envío a la que tendrá acceso es el de un drop-shipper o servicio de cumplimiento. Aquí es donde vende productos que luego son enviados al comprador por la persona a la que le está comprando los productos: su proveedor. Por lo tanto, su proveedor le cobrará una cierta cantidad, que puede incluir o no el envío, y usted establecerá sus tarifas por este costo. La ventaja que tiene este método, además de la ventaja de no tener que almacenar sus productos, por supuesto, es que puede cobrar un precio específico en todos sus productos y ofrecer envío "gratuito" a sus clientes. La mejor manera de hacer uso de este método es de la misma manera que lo hacen Amazon y Walmart, donde ofrecen envío gratuito cuando pides una cierta cantidad. Si un cliente decide no pedir esa cantidad, puede calcular una tarifa manual para cobrarle, pero en la mayoría de los casos, pedirán la cantidad mínima que califique para el envío gratuito siempre que sea razonable, lo que significa que gana más dinero con ese cliente.

Cómo configurar las opciones de envío

Todas las opciones de envío están configuradas en el menú "Configuración". Comienza navegando a la configuración y luego haciendo clic en 'Envío'. Revisaremos paso a paso las formas en que configurar estas opciones.

La primera parte que cubriremos es la dirección de devolución que utilizarás. De forma predeterminada, Shopify rellena el nombre de tu tienda (que puede que hayas elegido con prisa y quieras cambiar uno más adelante ya que es lo primero que te hacen elegir) y la dirección y el número de teléfono que introdujiste cuando te registraste, que puede ser la dirección de tu casa y el número de móvil. Obviamente, es posible que no desee esta información en sus etiquetas de envío. Muchos sitios web de comercio electrónico utilizan apartados de correos que alquilan y muchas empresas más pequeñas no tienen números de teléfono de contacto en absoluto. Afortunadamente, Shopify le permite cambiar fácilmente esta información haciendo clic en el enlace EDITAR DIRECCIÓN e ingresando nueva información.

Zonas de envío – Envío manual

Si quieres configurar el envío manual, puedes hacerlo con la sección de zonas de envío de tus opciones de envío. Tendrás dos opciones básicas: nacional y para el resto del mundo. Dentro de las zonas de envío nacionales, que puedes establecer en los países o estados que elijas, puedes establecer un importe de envío estándar y un importe de envío pesado. También puede establecer otras tarifas de envío que elija, en función del peso o del precio.

Con la opción 'resto del mundo', solo obtienes varias tarifas de envío. Como se ha comentado, esto te da un poco de libertad en lo que respecta a los gastos de envío y a configurarlos para varios tamaños y pesos, pero sigue siendo bastante restrictivo en comparación con otras opciones de envío. .

Envío – Transportista Calculado

Si tiene un plan ilimitado, puede utilizar el envío calculado por el transportista. Shopify no te da la opción de configurarlo hasta que hayas actualizado tu plan, pero una vez que lo hagas, puedes ingresar la información de la API y obtener los detalles de envío directamente del transportista.

Envío – Shopify Envíos y Etiquetas

Si quieres utilizar las etiquetas de envío y los servicios de envío de Shopify, tienes dos opciones para configurar en la sección de envíos de tu área de administración. La primera es configurar la impresora que vas a utilizar para imprimir las etiquetas. Esto es importante porque las etiquetas de Shopify solo se imprimirán en ciertas impresoras.

La segunda parte del envío de Shopify es definir varios tamaños de paquetes para que Shopify pueda establecer un precio. Podrá establecer un tipo de producto como "caja" y luego crear dimensiones que definirán qué tipo de precios se muestran cuando el cliente elige un producto en particular.

Por último, hay opciones para conectar un servicio de envío directo. Si está realizando el cumplimiento de pedidos a través de una empresa externa, es fácil configurarlos para que trabajen con Shopify. De forma predeterminada, Shopify admite el cumplimiento de pedidos de Shipwire, Rakuten y Amazon. Sin embargo, también puede crear un cumplimiento de pedidos personalizado si lo desea. Lo hace por correo electrónico, especificando dónde se debe enviar la información del cliente cuando alguien realiza un pedido para que la empresa de cumplimiento pueda enviar el pedido al cliente.

Sin embargo, los tres servicios de cumplimiento compatibles con Shopify tienen más funciones y configuraciones personalizadas que se pueden realizar.

CAPÍTULO 15
Personalización de sus soluciones de pago y
impuestos

Cuando hayas configurado el envío y los impuestos en Shopify, lo siguiente que pasarás es a tus soluciones de pago. Desde la página de pagos, puedes configurar múltiples opciones de pago y decidir cómo vas a recibir los pagos. Al igual que con el envío, hay opciones de pago que ofrece Shopify, y las tarifas se basan nuevamente en su elección de nivel, así como en una serie de otras opciones de pago. Discutiremos todas las opciones que tiene para aceptar pagos y cuáles son las mejores para el tipo de venta que realizará. Primero, vayamos a la página donde configuras tus opciones de pago.

Personalización de sus soluciones de pago

Puede navegar a la página donde se pueden configurar las opciones de pago haciendo clic en el icono de ajustes y haciendo clic en pagos. Hay varias opciones de pago que están integradas en Shopify y también opciones para configurar otros métodos de pago.

Pagos de Shopify

Shopify Payments es la primera opción de la lista y definitivamente es la forma más fácil de aceptar pagos con una tienda Shopify. Sin embargo, Shopify Payments no se puede usar en todas partes. Solo está disponible en el Reino Unido, Australia,

Estados Unidos y Canadá.

Shopify Payments es fácil de configurar y elimina la necesidad de una pasarela de terceros, y tiene más opciones de aceptación de tarjetas de crédito que muchos otros sistemas de pago y viene completamente integrado en su tienda.

Beneficios de usar Shopify Payments

- Puede aceptar las principales tarjetas de crédito, incluidas las tarjetas de débito y crédito American Express, Visa y MasterCard. Además, si su tienda se encuentra en los Estados Unidos, también puede aceptar tarjetas Diner's Club, JCB y Discover.

- Tú decides qué tarifas de tarjeta de crédito vas a pagar por el plan de Shopify que selecciones.

- Puedes ver cuándo es tu próximo pago y cuánto se espera en cualquier momento a través de tu área de administración de Shopify.

- Shopify ofrece soluciones para ayudarte a evitar y responder a las devoluciones de cargo.

- Shopify no cobra tarifas adicionales aparte de las tarifas porcentuales que forman parte de su plan de pago.

- Las tarifas de cumplimiento de PCI ya están incluidas en las tarifas de procesamiento de su tarjeta de crédito.

Cómo configurar Shopify Payments

Hay algunas cosas que debes configurar si vas a utilizar Shopify Payments. En primer lugar, tienes que decidir si quieres que Shopify te notifique cada vez que recibas un pago. Esto se hará por correo electrónico. A continuación, debe decidir qué precauciones de seguridad va a utilizar para evitar el fraude. Hay dos opciones estándar de seguridad de tarjetas de débito o crédito que se pueden usar con Shopify Payments en todos los países, excepto en Australia, en los que no se puede usar ninguna. La primera verificación es el CVV, el número de tres dígitos que se encuentra en el reverso de la tarjeta. La segunda verificación es la verificación de la dirección, en la que el código postal debe coincidir con la dirección registrada de la tarjeta de crédito o débito. Puede optar por desactivar estas verificaciones, pero no tendrá prevención de fraude y es posible que reciba pedidos de números de tarjetas de crédito robados.

También deberá ingresar información adicional, como el nombre de la tienda y el número de teléfono, que aparecerán en los estados de cuenta de las tarjetas de crédito de sus clientes. También tendrás que añadir tu cuenta bancaria y elegir la moneda en la que quieres que se base tu tienda.

PayPal

También puedes configurar tu tienda para que acepte pagos con PayPal. Lo que debes tener en cuenta aquí es que debes tener una cuenta de comerciante de PayPal para poder aceptar pagos a través de Shopify. Sin embargo, no es necesario que lo configure la primera vez que inicie el sitio. De hecho, puede configurar pagos de PayPal en su sitio y solo crear una cuenta de comerciante una vez que haya recibido un pago de PayPal, por lo que siempre puede tenerlo, pero no necesariamente necesita usarlo.

Una cosa que debes tener en cuenta si decides que vas a configurar los pagos de PayPal en tu tienda Shopify es que si quieres poder procesar reembolsos de PayPal o aceptar pagos automáticamente, tendrás que desactivar la cuenta de PayPal predeterminada que se incluye y luego volver a activarla. Esto le permitirá el uso completo de la función de PayPal. Para ello, haz clic en el icono de engranaje y vaya a Configuración y luego haga clic en Pagos. A partir de ahí, verás la función de PayPal en tus opciones de pago. A continuación, haga clic en Editar, Desactivar y, a continuación, elija su tipo de PayPal y seleccione Reactivar.

Pagos de Amazon

El siguiente método de pago que tienes que elegir es Amazon Payments. Este es un método muy conocido para realizar compras utilizando la información de pago y los detalles de envío que ya tienen en su cuenta de Amazon. Solo hay tres países que son elegibles para Amazon Payments con una tienda Shopify: Estados Unidos, Reino Unido y Alemania.

Para activar Amazon Payments, hay tres pasos que deben seguirse. En primer lugar, tienes que registrar tu cuenta de comerciante en Amazon. Empezarás en la sección Pagos de Amazon y harás clic en Activar para ir a la página de Amazon, donde puedes configurar tu cuenta. Si ya tienes una cuenta, no es necesario que registres una nueva. En su lugar, sólo tienes que introducir tu información de inicio de sesión en el sitio de Amazon Payments.
De lo contrario, existe la opción de crear un nuevo inicio de sesión.

Ahora, querrás configurar tu cuenta usando el enlace en tu tienda Shopify. Cuando configure su cuenta, le dará las claves que necesita usar con usted
Tienda Shopify. Lo siguiente que deberá hacer es configurar 'Iniciar sesión con Amazon'. Esto debe hacerse desde su tienda, por lo que podría ser prudente volver al administrador de su tienda y navegar una vez más a su cuenta de Amazon Payments desde su página de administración de Shopify.

Una vez que regrese a Amazon, mire la barra de menú superior y use el menú desplegable para seleccionar "Iniciar sesión con Amazon" y luego haga clic en "Crear aplicación". Escriba el nombre de la aplicación. Esto será lo que verá el cliente cuando utilice su cuenta de Amazon para pagar. También querrá ingresar una descripción de su aplicación y un enlace a su aviso de privacidad. Si aún no tienes uno, tendrás que encontrar uno genérico en la web y rellenar los detalles para que se adapte a tu tienda. También tendrás la oportunidad de subir un logotipo, que también estará en la página que ven los clientes cuando pagan con Amazon.

También tendrás que hacer alguna configuración dentro del sitio de Amazon Payments para asegurarte de que Shopify puede funcionar como estaba previsto. Comience expandiendo la 'Configuración web' dentro de la aplicación y agregue las siguientes URL en la sección 'Orígenes de Javascript.

https://checkout.shopify.com   https://<nombredetutienda>.myshopify.com

También debe agregar la siguiente URL en la sección "URL de retorno permitidas" https://checkout.shopify.com/<shop_id>/amazon_payments/callback

También tendrás que introducir el ID de cliente de la aplicación en tu página de administración de Shopify.

Para este último paso, comenzaremos en tu página de administración de Shopify una vez más y haremos clic en el ícono de ajustes para volver a la configuración. A continuación, haz clic en Pagos y ve a la sección Pagos de Amazon. Haga clic en Activar una vez más y luego conectará su cuenta, usando el enlace proporcionado. Ingrese su nombre de usuario y contraseña y luego use las casillas de verificación para permitir que Shopify acceda a su cuenta de Amazon desde su tienda. También utilizará las claves y los valores numéricos que generó en Amazon para establecer valores para el cliente

ID, ID de vendedor y token de autorización. Tan pronto como haya terminado por completo, Amazon Payments se activará dentro de su página de administración de Shopify.

Métodos de pago alternativos

Hay más de 70 métodos de pago alternativos con los que se puede configurar Shopify y a los que tenga acceso dependerá completamente del país en el que se encuentre su tienda Shopify. Por ejemplo: si tu tienda está dentro de Estados Unidos, podrás configurar Dwolla, BitPay, CoinBase, GOcoin y Affirm.

Pagos manuales

Por supuesto, también puedes configurar tu tienda para que acepte pagos manuales. De forma predeterminada, Shopify incluye giros bancarios, COD y giros postales, pero si lo prefieres, hay otros métodos de pago que puedes configurar dentro de tu configuración de pago manual.

CAPÍTULO 16
Personalización de tu sitio web de comercio electrónico

Antes de lanzar tu tienda, querrás personalizarla, no solo para que todas las secciones y widgets estén en el lugar correcto, sino también para que el diseño que elijas se ajuste al tipo de tienda que tienes y sea compatible y complementario con tu combinación de colores, logotipos y otros elementos. En este capítulo, discutiremos la personalización visual que se puede hacer con Shopify y cómo encontrar la plantilla adecuada para su tienda, así como cómo usar el diseño y los elementos basados en tareas para darle a su sitio no solo el aspecto perfecto, sino también el diseño perfecto, lo que aumentará sus posibilidades de atraer clientes.

El propósito de este capítulo

Este capítulo fue escrito con el objetivo de enseñarte cómo usar las herramientas proporcionadas por Shopify para hacer que tu sitio se vea exactamente de la manera que deseas. Si bien las herramientas de personalización que proporciona Shopify son extremadamente poderosas, es posible que debas investigar un poco más sobre los temas que encuentres o sobre conceptos básicos como el uso de colores complementarios. En otras palabras, este capítulo no pretende ser la última palabra en el diseño de Shopify, sino que pretende explicar los conceptos básicos de la personalización de un sitio web de Shopify utilizando temas y otros accesorios. Si quieres información más avanzada, es posible que tengas que investigar un poco más.

El manual de ayuda de Shopify

Shopify tiene un manual de ayuda completo que puede usar si no comprende cómo funciona una función en particular o si desea obtener más información sobre una función que tenía suficiente espacio para entrar en detalle aquí.

Temas de Shopify

Shopify fue creado para funcionar de manera muy similar a Wordpress y, como tal, muchos de los mismos nombres con los que está familiarizado de esa plataforma también se utilizarán aquí. Por ejemplo, la forma en que cambias el aspecto de tu tienda es mediante el uso de un tema de Shopify. Dado que está pagando por su sitio Shopify, la tienda de temas tiene una gran cantidad de temas que son completamente gratuitos para usar, pero si desea que su tienda se vea aún mejor, puede actualizar un tema premium. Para acceder a la tienda de temas, puede hacer clic en el enlace 'Tienda en línea' en la barra lateral de su área de administración y luego elegir temas, seguido de 'Visitar la tienda de temas' o simplemente puede escribir la URL en cualquier ventana del navegador: themes.shopify.com.

El diseño de tu tienda Shopify

Cuando configuras tu tienda por primera vez, vas a hacer mucho trabajo en el backend, como agregar tus productos, configurar el envío y todas las demás tareas que se requieren para que tengas una tienda funcional. No tendrás que preocuparte demasiado por el aspecto de tu tienda hasta que hayas terminado. Sin embargo, eventualmente querrás echar un vistazo a los temas que se ofrecen y decidir cuál se adapta mejor a la personalidad de tu tienda. Estos son algunos de los factores que determinarán cómo será el diseño de tu tienda.

El tipo de productos que vendes: Obviamente, una tienda que vende equipos deportivos tendrá un aspecto muy diferente al de una que vende ropa íntima o joyas.
Tendrás que decidir qué tipo de tema se adapta mejor a tus productos.

La personalidad de tu tienda: Esto es un poco diferente a los productos que estás vendiendo. La personalidad de tu tienda puede basarse en tu propia personalidad, o en una idea que tengas para que tu tienda sea elegante y única.

El presupuesto para el diseño: Obviamente, si tienes el tipo de presupuesto que te va a obligar a quedarte con los temas gratuitos de Shopify, estarás mucho más limitado que alguien que tiene dinero para gastar en el tema.

Hay cuatro formas básicas en las que puedes usar los temas de Shopify para hacer que tu sitio se vea increíble. El que elija dependerá de los factores detallados anteriormente. Comencemos con los temas gratuitos de Shopify.

Temas gratuitos de Shopify

Cuando te registras en Shopify, obtienes acceso a todos los temas gratuitos que tienen disponibles sin ningún cargo adicional. La buena noticia es que no tienes que buscar específicamente temas que sean compatibles con los dispositivos móviles actuales porque todos los temas proporcionados por Shopify son responsivos. Además, a diferencia de Wordpress, estos temas fueron diseñados con el propósito específico de vender cosas para que tampoco tengas que buscar un tema amigable con el comercio electrónico. Hay más de cien temas gratuitos de Shopify y casi todos ellos son temas de muy alta calidad que harían que cualquier tienda se viera genial.

Temas premium de Shopify

La segunda opción que tienes para personalizar tu sitio web de Shopify es utilizar uno de los temas premium que ofrece Shopify. Estos también se pueden encontrar en la página del tema. Sólo tienes que seleccionar premium y podrás elegir entre temas con precios de $100 a $180 para personalizar tu tienda. Además, tenga en cuenta que puede buscar tanto los temas gratuitos como los premium por industria, incluida la moda, la fotografía, la electrónica, los deportes y muchos más.

Opciones de personalización de Shopify

Shopify tiene una gran cantidad de opciones de personalización en lo que respecta a los temas que tienen disponibles, lo que le permite modificarlos de la forma que desee, siempre que tenga la experiencia para hacerlo. Algunas de las personalizaciones son muy fáciles de usar y otras requieren que comprenda cómo funcionan los temas y algunos elementos de diseño gráfico y de sitios web para cambiar ciertos aspectos de un tema.

Temas personalizados creados por diseñadores web

Hay una serie de diseñadores web que pueden crear temas para Shopify, y si ya tienes un diseñador web que te guste, Shopify proporciona instrucciones sobre cómo crear un tema que funcione en su sitio. Entonces, esa es la cuarta opción que tienes para que tu sitio se vea de la manera que deseas. Puedes crear un diseño personalizado que esboces desde cero y hacer que tu diseñador web lo cree por ti. Esto suele ser necesario en el caso de las tiendas que venden un producto en particular que simplemente no encaja con ninguno de los temas que se ofrecen en la tienda de Shopify. Un diseñador web puede crear ese diseño perfecto que imaginas que tendrá tu tienda, y aunque esta es la opción más cara, puede que no sea mucho más de lo que pagarías por un tema premium si puedes encontrar un diseñador dispuesto a hacerlo por unos pocos cientos de dólares.

Tercera parte: Hacer que tu tienda Shopify sea un éxito.

CAPÍTULO 17
Funciones complementarias de Shopify para usar
Sus ventajas

Es posible que no sepas que hay muchas otras aplicaciones y conexiones de software que puedes integrar con tu tienda Shopify. Con todos los diversos programas que se agregan cada mes, es probable que incluso esta lista, actualizada en el momento de escribir este artículo, esté desactualizada para cuando este libro llegue a usted. Pero si comprende algunos de los programas que ahora están disponibles, podrá encontrar más de lo mismo en los programas más recientes que se ofrecen, o simplemente versiones más nuevas de los mencionados aquí. Como mínimo, cuando hayas completado este capítulo, deberías poder saber dónde buscar aplicaciones complementarias que faciliten mucho el funcionamiento de tu tienda Shopify.

Contabilidad: La contabilidad es una de las partes más importantes de la gestión de tu negocio. Debe realizar un seguimiento de lo que está gastando y cuánto, para que pueda hacer ajustes que hagan que su negocio sea lo más rentable posible. Además, vas a necesitar un seguimiento detallado para declarar tus impuestos y tener toda tu documentación en orden si necesitas defender tu contabilidad en una auditoría. Afortunadamente, Shopify se puede integrar con algunos de los paquetes de software de contabilidad de terceros más grandes, como Quickbooks, Freshbooks, Xero y más.

Gestión de inventario: También necesitarás una forma de realizar un seguimiento de tu inventario y es posible que las herramientas que ofrece Shopify no tengan todas las funciones que necesitas. Puede automatizar el proceso de reposición de inventario tanto o tan poco como desee. Puede realizar un seguimiento de la frecuencia de las ventas de artículos para que pueda obtener recomendaciones sobre cuáles necesita reponer de inmediato y de cuáles puede preocuparse más adelante porque las posibilidades de que se vendan son menores, e incluso puede automatizar el proceso de pedido si lo desea. Sea cual sea la configuración de gestion de inventario que prefiera, puede encontrar una solucion de software que se la proporcione.

Servicio al cliente: Cuando se trata de servicio al cliente, desea hacer un esfuerzo adicional. Necesita que las personas sientan que pueden ponerse en contacto con alguien si tienen un problema porque, de lo contrario, es posible que no le compren en el futuro. Hay una serie de soluciones automatizadas que puedes integrar en tu tienda Shopify que harán que tu servicio al cliente sea mejor y más fácil de gestionar. Desde sistemas de comentarios y comentarios hasta soporte de chat en vivo, hay muchas formas en que puede integrar aplicaciones de terceros para que su servicio al cliente sea excelente.

Gestión de redes sociales: La gestión de redes sociales no es solo una buena idea en el negocio online actual, sino que es absolutamente vital para el éxito de todos los sitios web de comercio electrónico. La gestión de redes sociales es definitivamente uno de los aspectos de tu sitio que tiene las herramientas más automatizadas asociadas. Independientemente de las plataformas de redes sociales que esté utilizando, probablemente haya una aplicación compatible con su tienda Shopify, y para las principales, hay muchas. Shopify ya tiene disponibles algunas herramientas integradas de Facebook y Twitter.

Marketing: El marketing es otra cosa con la que podrías necesitar ayuda adicional. Debido a que el marketing es importante sin importar el tipo de negocio en el que se encuentre, pero difícil de administrar si tiene un sitio web de comercio electrónico de una sola persona, las herramientas automatizadas que lo ayudan a comercializar sus productos son definitivamente una ventaja. A menudo, el marketing se combina con las redes sociales, pero también puede haber otras vías que esté siguiendo.

Ventas: Si desea crear más ventas, debe implementar algunos programas de terceros compatibles que se concentren en cosas como aumentar las ventas a un cliente o brindarles opciones de compra impulsiva, así como cosas como programas de fidelización de clientes que les hagan querer volver.

Informes: Definitivamente hay algunas herramientas de informes que ya están integradas en tu tienda Shopify, pero si deseas obtener más información de la que brindan estas herramientas estándar, es posible que debas instalar aplicaciones de terceros que te brinden informes más completos. Cosas como lo que vieron tus clientes antes de realizar una compra, cuánto tiempo pasaron en la página de compra, qué productos se saltaron y, definitivamente, de dónde vinieron para llegar a tu sitio, son detalles que puedes recopilar y analizar para aumentar tus números de ventas.

Envío: Shopify probablemente tenga uno de los mejores programas de envío ya integrado en la tienda. La forma en que funciona es la siguiente: un cliente le compra un artículo, incluido el costo de envío. A continuación, compras la etiqueta de envío con gastos de envío incluidos en Shopify con un descuento, con el importe del descuento en función del plan en el que estés inscrito actualmente, y envías el artículo de tu cliente en camino. Sin embargo, si no quieres utilizar las herramientas de envío integradas por cualquier motivo, Shopify te permite configurar tus propias opciones de envío personalizadas.

Herramientas varias: Hay demasiadas herramientas que se pueden integrar en Shopify para incluir una lista aquí, pero lo que podría ayudarte aún más son algunas sugerencias sobre dónde puedes encontrar estos programas. Uno de los recursos más ricos se encuentra en el propio foro de usuarios de Shopify. Probablemente hay cientos de hilos con programas que se pueden integrar en Shopify, y si tiene una pregunta en particular, hay otros usuarios de Shopify allí, algunos de ellos con muchos años de experiencia, que pueden ayudar.

CAPÍTULO 18
Aprovecha el aprendizaje de Shopify
herramientas

Una de las mejores herramientas que ofrece Shopify es algo que no necesariamente consideras parte del paquete de valor que obtienes cuando te registras en esta tienda, pero es algo que definitivamente te perderías si no estuviera incluido. Por supuesto, estamos hablando de las herramientas de ayuda de Shopify que vienen con el programa. Debido a que Shopify es tan completo y porque hay tantas aplicaciones de terceros que se pueden integrar de forma nativa en Shopify, no hay forma de que toda la información necesaria para administrar una tienda Shopify pueda incluirse en un libro, incluso un libro de este tamaño. Afortunadamente, Shopify tiene una de las mejores secciones de ayuda de cualquier plataforma de comercio electrónico que exista.

Acceder al sistema de ayuda de Shopify

Hablemos de cómo navegas por el sistema de ayuda de Shopify y cómo te mueves por allí una vez que estás dentro. Si estás en tu área de administración de Shopify, es muy difícil navegar a la sección de ayuda a menos que te encuentres con un enlace que te lleve a un área específica. Lo que lo hace aún más confuso es que hay varias áreas de ayuda diferentes que encontrará y es posible que se le dirija a una URL diferente. Estas son las principales áreas de ayuda que ofrece Shopify.

https://ecommerce.shopify.com/

Esto es lo que se conoce como 'Universidad de comercio electrónico' y es una sección de ayuda integral que lo llevará a través de todas las diferentes cosas que necesitará saber para convertirse en un propietario exitoso de una tienda de comercio electrónico. Esta no es la misma área que el área de ayuda principal de Shopify, aunque abarca parte de la misma información o información relacionada. Lo que hace que esta área sea bastante única y muy útil es que realmente le brinda información y consejos para mejorar su tienda y aumentar sus ingresos de manera que lo ayudará sin importar si está utilizando la plataforma Shopify o no.

La Universidad de Comercio Electrónico de Shopify está dividida en cuatro secciones distintas.

Guías: Las Guías son lo primero que encontrarás en la Universidad de Comercio Electrónico de Shopify. Las guías son instrucciones completas paso a paso que te asesorarán sobre una serie de temas, desde hacer tu primera venta hasta utilizar los servicios de dropshipping.
También puedes encontrar las guías en www.shopify.com/guides.

Blog: El blog es bastante estándar, pero sigue siendo extremadamente informativo y tiene la ventaja de presentar la información más reciente posible porque se actualiza regularmente. En promedio, Shopify crea alrededor de cuatro publicaciones de blog por semana y los temas son de todos los ámbitos, desde usar mejor su plataforma Shopify hasta algunos de los temas de comercio electrónico que querrá aprender para administrar una tienda exitosa, como integrarse con las redes sociales o comenzar su propio blog para clasificar para palabras clave. La URL alternativa para el blog es https://www.shopify.com/blog.

Foros: Los foros son uno de tus recursos más útiles porque podrás comunicarte directamente con otros usuarios de Shopify y esto puede ayudarte a resolver problemas, mejorar tu tienda o educarte en el comercio electrónico. Los foros no parecen tan grandes a primera vista, con solo unas dos docenas de foros de discusión, pero de hecho, hay miles de hilos por los que puedes navegar y, por supuesto, la verdadera fuerza del foro es que puedes crear tus propias discusiones y pedir consejos específicos para los problemas que tienes o incluso pedir a la gente que mire tu tienda y te dé sugerencias para mejorar. Puedes acceder a los foros desde el enlace de Ecommerce University o puedes ir a https://ecommerce.shopify.com/forums.

Historias: Uno de los mejores lugares para visitar antes de comenzar a configurar tu tienda o comprometerte a unirte a Shopify es la página de historias de éxito. Esto no solo te dará motivación para comenzar tu propia tienda, sino que también te dará ideas sobre cómo mejorar tu tienda o para encontrar un nicho que nadie más está llenando actualmente y tener éxito como las personas en estas historias de éxito. Por supuesto, por cada éxito probablemente hay mil fracasos, pero todo se reduce a lo duro que una persona está dispuesta a trabajar. El enlace a esta página está disponible en Ecommerce University o se encuentra en: https://www.shopify.com/success-stories.

Documentación de Shopify: La siguiente sección de ayuda que cubriremos es la documentación de la plataforma de Shopify; hay cuatro áreas básicas que están cubiertas por la documentación: Uso de Shopify Online, Uso de Shopify POS (Punto de venta), Diseño de aplicaciones de Shopify y Diseño de temas de Shopify. Dos de ellos son útiles para los propietarios de tiendas y los otros dos están destinados a aquellos que diseñan programas o temas para trabajar con Shopify. Puede utilizar la función de búsqueda para buscar dentro de estos temas y encontrar documentación sobre estos temas en particular. La página de documentación se encuentra en https://docs.shopify.com/.

Manual de Shopify: La última parte de la documentación es la más importante para los propietarios de tiendas. Es una guía completa sobre cómo usar Shopify, de arriba a abajo, con capturas de pantalla y animaciones para explicar cómo hacer casi todo, incluido cómo configurar las funciones de Shopify en Amazon y PayPal. La sección de la documentación llamada "Uso de Shopify Online" se basa casi exclusivamente en el manual y hay varias secciones dentro de ese tema que se desglosan en el manual.

Incluyen: pedidos, descuentos, clientes, colecciones, informes, tarjetas de regalo y más.

Puedes acceder al manual yendo a https://docs.shopify.com/manual.

CAPÍTULO 19
Marketing de nicho – Dentro y fuera

Hay muchos tipos diferentes de productos que puedes vender en tu tienda Shopify. Si bien ha habido personas que han tenido éxito con un nicho de producto muy general, como los "artículos deportivos", la mayoría de las personas no pueden competir en un mercado saturado de grandes empresas físicas que han estado años (y millones de dólares) construyendo su presencia en línea. En particular, Amazon es una empresa que prácticamente supera a todos los demás en todo, desde productos electrónicos hasta ropa y casi todos los aspectos extraños que puedas imaginar. Afortunadamente, Amazon es tan grande que no pueden ofrecer una cosa: experiencia en nichos. Ahí es donde están tus posibilidades de marketing más viables.

¿Qué es el marketing de nicho?

El marketing de nicho es el diseño intencionado de un sitio web, empresa u organización dedicada a un producto que una porción muy pequeña de la población desea. Los artículos que no son artículos de nicho son aquellos que son utilizados por casi todo el mundo. Por ejemplo: zapatos. Todo el mundo en los países desarrollados (y también en la mayoría de los países subdesarrollados) compra zapatos y muchos de ellos los compran en línea. Pero hay tantas empresas de calzado, muchas de ellas grandes corporaciones con enormes presupuestos de marketing en línea, que sería casi imposible competir en ese campo en particular.

El marketing de nicho, por otro lado, es efectivo porque hay muy pocas personas, e idealmente casi ninguna, que atiendan esa necesidad en particular. Por ejemplo, Tom's Shoes podría considerarse una empresa de marketing de nicho. Cuando compras un par de zapatos Tom's, la compañía dona un par de zapatos a un niño necesitado. Este nicho que se creó fue una donación benéfica junto con un par de zapatos. Podrías sentirte bien gastando dinero allí.

Por supuesto, también hay tipos mucho más comunes de marketing de nicho. Por ejemplo, las zapatillas de ballet son artículos de nicho mucho más refinados dentro de la industria del calzado.

Este es un nicho bien equilibrado donde no hay tanta competencia (aunque todavía bastante), pero también es algo que tiene demanda. Un nicho fracasado es aquel que no está siendo atendido por nadie, pero donde el mercado es tan pequeño que no es rentable.

Cómo encontrar un nicho

Si quieres hacer marketing de nicho con éxito, lo primero que vas a tener que hacer es encontrar un nicho. La forma más fácil de encontrar un nicho con el que podrá competir no es a través de la investigación de mercado o las sugerencias en línea, sino más bien, encontrar algo que le apasione y luego encontrar una manera de vender productos o servicios relacionados con eso en línea. Alguien que se dedica a los deportes extremos puede disfrutar de una tienda que vende equipos para deportes extremos, libros sobre deportes extremos y otros productos similares.

Hay un beneficio definitivo en encontrar un nicho de esta manera. Una de las razones por las que las personas eligen optar por un sitio web de nicho para los productos que necesitan en lugar de un gran minorista que podría ahorrarles dinero es que desean la experiencia que ofrece un sitio web de nicho. Por ejemplo: es posible que un minorista como Walmart o Amazon no base su inventario de productos en los artículos que son los mejores de la línea o recomendados por expertos cuando se trata de una categoría como los deportes extremos, pero un sitio web de nicho dirigido por alguien que es un experto en el campo probablemente lo hará.

Cómo comercializar un sitio web de nicho

Hay varias formas en que puede comercializar su sitio web de nicho. La primera es eligiendo un nicho que puedas representar como experto. Eso no significa que necesariamente tengas que ser un completo experto en el nicho cuando comiences, pero debe comenzar con que tengas pasión por el tema. Puede aprender lo que necesita saber a partir de ese punto y continuar mejorando su experiencia con el tiempo.

La segunda cosa que querrás hacer para comercializar tu tienda de nicho es comenzar a construir una reputación de experiencia. Esto significa que tendrás que publicar contenido que se pueda atribuir a ti o a tu tienda especializada de Shopify que se considere asesoramiento de expertos en tu campo. La mayoría de las veces, esto se hace mediante la creación de un blog. Afortunadamente, Shopify ya incluye la posibilidad de crear un blog directamente en el área de administración de su tienda, probablemente porque ven el valor que tener un blog aporta a un sitio web de nicho de comercio electrónico.

Las publicaciones de tu blog deben consistir en consejos de expertos sobre tu nicho que sabes que la gente buscará. Una vez que hayas establecido tu experiencia, será más fácil conseguir que la gente visite tu tienda desde el blog, y será más fácil conseguir que esas personas vuelvan en el futuro. Sin embargo, aún debe realizar una investigación sólida de palabras clave y mantener las mejores prácticas de SEO para obtener la mayor cantidad de tráfico posible.

Otra forma en que puede establecer su experiencia y atraer tráfico a su sitio web es respondiendo preguntas o comentando en un foro relacionado con su nicho. Obviamente, desea asegurarse de que se le permite poner un enlace a su tienda en su firma o, de lo contrario, es posible que no obtenga muchos beneficios de todas las publicaciones que está haciendo en ese foro. Si pones el nombre de tu tienda y el enlace en tu firma y proporcionas contenido y consejos valiosos dentro del foro, definitivamente vas a dirigir el tráfico a tu sitio, y esos enlaces probablemente continuarán generando tráfico mientras el foro esté activo.

Por supuesto, todo esto es mucho trabajo si tienes un tiempo limitado. Escribir entradas de blog es algo que puedes subcontratar fácilmente, ya que no es necesario que encuentres a alguien que sea un experto en tu nicho, sólo un escritor autónomo de calidad que dedique tiempo e investigue. En cuanto a la publicación en el foro, probablemente quieras hacerlo tú mismo. Estás construyendo una personalidad para ti y para tu tienda y quieres que esta personalidad te refleje correctamente.

Lista de verificación rápida para elegir un tema de nicho

Aquí hay algunas preguntas que puedes hacerte para determinar si un tema de nicho es viable o no.

¿Es el precio lo suficientemente alto como para ganar dinero decente incluso con un bajo volumen de ventas?

¿La gente está ganando dinero en este nicho?

¿La competencia es profesional o son pequeños, sitios de comercio electrónico como el tuyo?

¿Podrías escribir 100 artículos sobre el tema (o hacer la investigación para escribir 100 artículos)?

CAPÍTULO 20
Aprovechar las redes sociales de manera efectiva

Una de las cosas que vas a tener que hacer si quieres que tu tienda tenga éxito es utilizar las redes sociales para promocionar tu negocio y comunicarte con tus clientes. En estos días, un negocio sin una conexión con las redes sociales está tan muerto en el agua como lo habría estado una empresa en las décadas de 1970 y 1980 sin un teléfono. Las redes sociales son solo una de las características de una empresa profesional y es una de las mejores formas de publicitarse, ofrecer atención al cliente y hacer saber a los clientes que hay personas reales detrás de su organización.

Los fundamentos de las redes sociales

Sabes que las redes sociales pueden ser una excelente manera de atraer tráfico a tu sitio web de comercio electrónico, pero eso no significa que obtener ese tráfico vaya a ser fácil. Especialmente va a requerir trabajo si quieres tener un éxito sostenido a lo largo de la vida de tu tienda. Eso significa que no solo estás buscando tácticas de redes sociales a corto plazo, sino que realmente necesitas una estrategia. Eso comienza con el establecimiento de metas.

Establecer metas es importante sin importar lo que estés tratando de lograr, porque a menos que sepas a dónde vas, tienes muy pocas posibilidades de llegar allí. Debes establecer objetivos como: aumentos de tráfico de las redes sociales, número de seguidores/fans/otra lengua vernácula de tu plataforma de redes sociales, tu tasa de conversión, números de participación en las publicaciones y objetivos de crecimiento.

También necesitas saber lo que necesitan tus clientes. Esto se discutió un poco en el capítulo sobre marketing de nicho. Definitivamente desea saber qué tipo de contenido desean antes de comenzar a publicar y luego monitorear y mantenerse al tanto utilizando las redes sociales, los comentarios y otros métodos para rastrear las reacciones. Los análisis que vienen con su sitio web también pueden proporcionarle una gran cantidad de información sobre lo que sus clientes están buscando y qué tipo de publicaciones traerían la mayor cantidad de tráfico. Las palabras clave que las personas usan cuando llegan a su sitio son particularmente reveladoras y pueden ser una fuente ilimitada de temas sobre los que escribir.

Finalmente, una de las cosas más básicas sobre las redes sociales que cualquiera que recién llegue debe entender es que las redes sociales no son para vender. Si bien puede realizar ventas utilizando las redes sociales, y puede ser una gran herramienta de venta, su propósito principal debe ser compartir con sus seguidores o fanáticos. Si intentas hacer de tu plataforma de redes sociales un podio desde el que promocionar tus productos, vas a perder tus seguidores muy rápidamente.

Sin embargo, si puedes mantener a los seguidores interesados en tu feed, sea cual sea la plataforma que estés utilizando, descubrirás que siempre llegarán nuevos seguidores y tus seguidores habituales no se sentirán ofendidos por la recomendación ocasional de productos de tu tienda, especialmente si se trata de algo que resuelve un problema que alguien estaba introduciendo en las redes sociales. Solo recuerde realizar un seguimiento de su progreso y que sus esfuerzos en las redes sociales estén mejorando.

Diez estrategias de redes sociales para el comercio electrónico

Aquí hay algunas estrategias de redes sociales que han

demostrado ser particularmente efectivas en el comercio electrónico. Definitivamente, estas son cosas por las que debes esforzarte, pero si no estás rindiendo al 100% en todo (o en cualquier otra cosa), no te preocupes, porque mientras mejores, tus ingresos de las redes sociales también mejorarán.

1. Asegúrate de pensar detenidamente en las palabras que utilizas en tus publicaciones en las redes sociales. No quieres escribir cualquier cosa. Por un lado, va a vivir en Internet para siempre, así que si estás dando consejos, compruébalo tres veces para asegurarte de que es preciso. Sin embargo, lo que probablemente sea más importante es que utilices la investigación de palabras clave cuando crees publicaciones en las redes sociales. Podrás hacer que tus publicaciones en las redes sociales suban en las búsquedas y, como resultado, atraer a más seguidores.

2. Comparte imágenes siempre que sea posible. Tus seguidores y cualquier otra persona que vea tus publicaciones van a estar escaneando la web como todo el mundo lo hace y tienes que ser capaz de captar su atención y hacer que realmente lean tu contenido.

3. Compartir tus reseñas puede ser una de las herramientas de ventas más efectivas que tienes. Cuando alguien deja una reseña positiva, compártela en las redes sociales y luego siéntate y observa cómo llegan las ventas. Las personas confían en las reseñas en línea casi tanto como en la recomendación de un amigo de confianza.

4. Haz que sea fácil para alguien compartir tu contenido con otras personas. Asegúrese de seguir una estrategia y crear botones que estén en una ubicación que tenga más probabilidades de ser utilizados por sus lectores. Cuanto más fácil sea para las personas compartir su contenido, más probable es que lo hagan. Si encuentras algo que está funcionando, apégate a ello y sé constante para que la gente sepa dónde buscarlo.

5. Estás en las redes sociales para crear un rostro humano detrás de tu negocio, así que asegúrate de interactuar realmente con tus seguidores. Lee sus publicaciones y coméntalas cuando sea apropiado y haz todo lo que harías por un amigo al que sigues en una cuenta personal de redes sociales. Por supuesto, cuantos más seguidores tengas, más limitadas deben ser tus interacciones personales, pero el punto es asegurarte de que tus seguidores sepan que realmente te preocupas por ellos y no solo los ves como signos de dólar.

6. Únete a cualquier grupo que esté relacionado con tu nicho o industria. Si tu plataforma de redes sociales ofrece grupos, asegúrate de unirte a ellos y úsalo de la misma manera que lo harías con un foro relacionado con el tema elegido: publica contenido excelente que será visto como contenido "experto".

7. Averigüe quiénes son los influencers en su nicho y construya relaciones con esas personas. Cada nicho tiene personas que tienen mucho peso detrás de ellos en ciertos temas. Obviamente, la situación ideal sería que tú fueras ese influencer, pero incluso si ese es el caso, construir relaciones con otros influencers no puede hacer más que ayudarte.

8. Publica de forma constante. Este es probablemente el consejo número uno promocionado de las redes sociales en la web y por una buena razón. Las personas que publican constantemente obtienen la mayor cantidad de seguidores, la mayor interacción de los seguidores que tienen y construyen la mejor imagen de marca. Si no tienes tiempo para esto, considera la posibilidad de subcontratar o utilizar herramientas de automatización de redes sociales para proporcionar consistencia.

9. Usa hashtags, pero no seas ridículo. No necesitas crear un hashtag con cada publicación que hagas, y definitivamente no querrás usar múltiples hashtags "lindos" en cada

publicación, pero si puedes usar hashtags que no hagan que la gente quiera dejar de seguirte, obtendrás un gran impulso en el tráfico de las personas que buscan esos hashtags.

10. La brevedad es la clave de la interacción. Si quieres que la gente vea tu contenido, crea títulos de publicación atractivos y haz que tus publicaciones sean lo más cortas y concisas posible. Si bien definitivamente debes hacer que las publicaciones y los consejos de tu blog sean lo suficientemente completos como para proporcionar información valiosa, siempre piensa en formas en que puedas acortar las cosas para crear más participación.

CAPÍTULO 21
Detectar y sacar provecho de las tendencias

Una de las formas en que puede mejorar sus ganancias de su sitio web y, potencialmente, ganar muchos seguidores en las redes sociales y futuros compradores, es participar en las tendencias que recién comienzan. Esta es una estrategia muy viable, incluso para el sitio web de comercio electrónico más pequeño, porque si puede hacer que su publicación esté frente a todas las demás personas que se suman a una tendencia, su tráfico podría estar al nivel de una publicación o video viral. Podría pasar de 10,000 visitas constantes por mes a millones de visitantes en solo un día, simplemente saltando a una tendencia actual y, lo que es más importante, reconociendo que se convertirá en una tendencia antes que nadie más lo haga.

Cómo detectar una tendencia

Entonces, ¿cómo detectar una tendencia? Desafortunadamente, esto no tiene una respuesta fácil. Si lo hiciera, casi todo el mundo sería capaz de capitalizar las tendencias y ganar dinero con ellas, y sólo las empresas más grandes se pondrían al frente de las tendencias. Esta es un área en la que un sitio web más pequeño realmente puede tener éxito porque reconocer una tendencia tiene mucho más que ver con la suerte que con la habilidad. Si bien no hay una forma de entrenarse para detectar tendencias, existen algunas mejores prácticas para ponerse en posición de detectarlas, y cuanta más práctica tenga para ver las próximas tendencias, más fácil será.

Lo primero que debes tener en cuenta es que las tendencias se encuentran en casi todas partes y que debes estar atento a ellas siempre que veas la televisión, navegues por la web o incluso escuches música. Los escritores exitosos tienen que cultivar el sentido de reconocer las ideas (especialmente las buenas) cuando aparecen, y este es el mismo tipo de sentido que un observador de tendencias debe tratar de crear.

Debes reconocer una tendencia potencial cuando se presente y desarrollar habilidades y experiencia para saber cuándo vale la pena seguir esa tendencia. Aquí tienes algunos consejos que te ayudarán a hacer exactamente eso.

Conozca a sus compradores

Los hábitos de compra de los baby boomers han sido durante mucho tiempo el grupo demográfico de compras por el que las empresas han establecido su presupuesto de marketing. Pero los baby boomers ya no son el poder adquisitivo que alguna vez fueron. De hecho, son las generaciones inmediatamente posteriores las que tienen la mayor parte del poder adquisitivo en estos días y, para reconocer las tendencias, debe saber qué les atrae. Los compradores de hoy en día (y es probable que usted sea uno de ellos) tienen atributos específicos y las tendencias que les atraen pueden ser diferentes de lo que predicen las empresas más grandes. Es por eso que a las grandes corporaciones les tomó mucho tiempo comprender los videos virales y por qué algunas empresas todavía están luchando.

Sepa lo que ha funcionado en el pasado

Si quieres saber cuáles van a ser las posibles tendencias futuras, necesitas saber qué ha funcionado en el pasado. Estudie las tendencias pasadas y familiarícese con por qué se ponen de moda y preste atención a factores como la longevidad de la tendencia, la popularidad general y cualquier factor externo que pueda haber afectado la popularidad de esa tendencia en particular. Hay una serie de empresas que rastrean las tendencias pasadas y hay mucha información en línea que puede ayudarlo con su investigación.

Presta atención a las tendencias regulares

Google tiene una herramienta que le permite específicamente buscar tendencias para un tema en particular, y una cosa que debe buscar en su nicho particular son las épocas del año en las que su tema alcanza su punto máximo o se plana. Estas son parte de las tendencias a las que debes prestar atención cuando tienes una tienda electrónica porque pueden ayudarte a decidir cuándo intensificar tus esfuerzos de marketing o aprovechar los auges de ventas.

Conozca los sitios web correctos

Hay sitios web que se dedican específicamente a las tendencias. Buzzfeed es uno de los más conocidos, pero también hay muchos otros. Si puede encontrar algunos de ellos de los que puede obtener actualizaciones o consultar de vez en cuando, es posible que obtenga una ventaja sobre algunas tendencias. Mashable es otro sitio conocido que sigue las tendencias.

Otra gran técnica es usar Google y escribir predicciones y ver lo que los expertos están prediciendo para su nicho en particular.

CAPÍTULO 22
Ventas navideñas

Si tienes una tienda online, una de las cosas que vas a esperar cada año (incluso más de lo habitual) es la temporada navideña. Las ventas navideñas siempre son más altas que en otras épocas del año, para casi todos los nichos, y algunas empresas incluso obtienen la mayor parte de sus ingresos durante todo el año durante la temporada navideña. Puedes aprovechar este boom de compras si estás preparado y listo para ir, y por suerte, el hecho de tener una tienda Shopify te permite adelantarte a gran parte de la competencia.

¿Cuánto impulso de ventas puede esperar?

Las ventas navideñas de comercio electrónico van a ser más grandes que nunca y ese será el caso durante algún tiempo. Tradicionalmente, la gente gastaba la mayor parte de su dinero de las vacaciones en tiendas físicas, pero a medida que la gente está más ocupada y es más fácil hacer pedidos en línea, especialmente con el enorme auge de los pedidos móviles, la ruta del comercio electrónico va a ser el camino que casi todo el mundo va a seguir en los próximos años y los minoristas están cambiando su enfoque navideño a las compras en línea. Dependerá de su nicho particular cuánto impulso verá sobre sus ventas regulares, así como de sus esfuerzos de marketing y los productos que está enumerando, pero si tiene un sitio web de comercio electrónico, está preparado para estar allí cuando los compradores navideños busquen regalos.

Consejos para aprovechar al máximo la temporada navideña

Definitivamente hay algunas formas en que puede mejorar sus posibilidades de tener una temporada navideña exitosa y gratificante con su tienda electrónica. Aquí hay algunos consejos para ayudarlo a aprovechar al máximo el próximo auge de las compras navideñas.

Compras móviles

Una de las principales ventajas que te ofrece Shopify es que tienes un sitio web y un proceso de pago responsivos que funcionarán en cualquier dispositivo móvil. Eso es bueno, porque en años anteriores las compras navideñas en dispositivos móviles aumentaron casi un 50%. Las proyecciones para los próximos años dicen que si su sitio web no es receptivo y su proceso de pago no es compatible con dispositivos móviles, no podrá competir con otros sitios web de comercio electrónico cuando lleguen las vacaciones.

Prepararse con anticipación

El segundo consejo que querrás seguir es comenzar temprano. Esto no significa empezar en noviembre, ni siquiera en octubre. De hecho, debes prepararte para la próxima temporada navideña con seis meses de anticipación. Eso incluye asegurarse de que su pago móvil funcione correctamente, que sepa qué tipo de métodos de marketing va a utilizar para anunciarse para las vacaciones y que tenga todo en su lugar para la temporada cuando llegue.

Parte de eso se debe a que probablemente habrá el doble de cosas que hacer para prepararse, especialmente si esta es su primera temporada de vacaciones, de lo que espera que haya y la otra razón es que las personas tienden a comenzar sus compras temprano. A principios de noviembre, deberías estar lanzando tus campañas navideñas, no sólo comenzandolas. Si comienzas en noviembre, te perderás por completo la temporada de compras navideñas.

Cambiar la copia del sitio web

Las vacaciones son el momento de arreglar el texto insípido del sitio web e incluso cambiar gran parte de él para reflejar la temporada de compras. El beneficio de esto es que obtendrá un impulso por tener contenido nuevo, lo que significa más tráfico de búsqueda y, además, podrá insertar palabras clave de vacaciones que sabe que la gente está buscando.

Con Shopify, puedes importar tus productos desde un formato como un archivo CSV. El beneficio de hacer esto es que puede cambiar ciertos elementos, como la descripción de un producto o grupo de productos y luego guardarlo para más adelante. Por ejemplo, algunas personas tienen varios conjuntos de descripciones de productos para los mismos productos que importan dependiendo de la temporada. Con las compras navideñas, esta es una excelente manera de optimizar su sitio para las hordas de compradores de comercio electrónico. Si no tienes un archivo CSV con la información de tu producto, puedes exportar tu lista de productos a un archivo como este y luego cambiar las descripciones e importar las nuevas descripciones de una sola vez.

Señale los regalos

Otro gran uso de los elementos visuales y el texto es recordar a las personas que ciertos artículos son excelentes regalos. Por supuesto, esto puede funcionar en cualquier época del año, ya que las personas buscan regalos de boda, regalos de cumpleaños y más durante todo el año, pero es más efectivo durante la temporada navideña. Si puedes elegir ciertos productos que crees que serían excelentes regalos y luego agregar un gráfico o una línea de texto en algún lugar de la descripción que le recuerde a la gente lo gran regalo que sería el producto, verás un aumento en tus ventas durante la temporada navideña.

Usa tu poder en las redes sociales para recordar a los compradores

Otra forma de aumentar las ventas es utilizando las plataformas de redes sociales para recordar a las personas que necesitan comprar un regalo. El truco aquí es parecer sutil mientras te aseguras de que entiendan el mensaje. Una forma de hacerlo es discutiendo la próxima temporada navideña en las redes sociales o creando listas de ideas de regalos en su blog. No tienes que golpear a tus seguidores en la cabeza con el hecho de que tienes una tienda que vende excelentes regalos navideños, pero sí quieres asegurarte de que recuerden de vez en cuando para que tengas la oportunidad de convertirlos.

Decora para las fiestas

Considere cambiar su tema o hacer alguna personalización para la temporada navideña. De esa manera, cuando las personas visiten su tienda, recordarán los regalos que necesitan comprar en un futuro cercano y estarán dispuestos a mirar algunas de las ideas de regalos que tiene para ofrecer, incluso si originalmente habían venido a su tienda para compras no navideñas.

CONCLUSIÓN

Tanto si eres nuevo en el negocio del comercio electrónico como si eres un vendedor experimentado en línea, Shopify puede ayudarte a ganar más dinero, crear tiendas de comercio electrónico más eficaces y, en general, ser un mejor vendedor en línea. Repasemos algunas de las cosas que se discuten en este libro.

Primera parte: Introducción al comercio electrónico

Si nunca antes ha estado involucrado en el mundo del comercio electrónico, puede ser un desafío comenzar. El comercio electrónico depende de atraer clientes a su sitio web y es bastante diferente a iniciar un negocio físico. De hecho, se podría llevar la analogía hasta el punto de decir que iniciar un negocio de comercio electrónico es como comenzar una pequeña tienda que se parece a cualquier otra tienda en una ciudad que tiene cientos de millones de tiendas. Si bien puede alquilar un espacio comercial en la calle principal y obtener mucho tráfico en el mundo real, la única forma de llegar a la página principal en los motores de búsqueda es mediante el uso de buenas prácticas de SEO, investigación de palabras clave y comprensión completa del negocio del comercio electrónico.

Es por eso que la primera parte comienza mostrándote lo que necesitas saber para involucrarte en este mundo. La selección de productos es una de las cosas más importantes que puede hacer porque el nombre de su producto es a menudo lo que la gente busca y, si puede, elija los productos correctos, superará a otros sitios web que venden los mismos artículos; Vas a conseguir la mayoría de los clientes. Además, comprender cosas como el tamaño del mercado de su nicho, el cliente al que está tratando de atraer y quién más en la web está compitiendo con usted por esos clientes son factores que determinarán qué tan exitoso será.

Cuando comiences a trabajar con Shopify, te darás cuenta rápidamente de que hay mucho que aprender sobre el comercio electrónico y, aunque no necesitas saberlo todo para comenzar, cuanto más rápido puedas aprender cosas como hacerte único entre tu competencia, como se discutió en el Capítulo 5, más rápido tendrás éxito. Comprender los tipos de productos, las leyes relativas a tu negocio de comercio electrónico y toda la demás información que necesitas para tener éxito son cosas que debes aprender por ti mismo lo más rápido posible. No tengas miedo de aprender de los videos en línea, conferencias, seminarios e incluso clases que se ofrecen en tu comunidad.

Segunda parte: Configuración de Shopify

Aprender el negocio del comercio electrónico es definitivamente importante, pero si vas a utilizar la plataforma Shopify, es igual de importante que entiendas Shopify y aprendas todo lo que puedas sobre cómo usarla. La razón es: Shopify es una aplicación increíblemente poderosa y si no aprendes todo lo que puedas sobre cómo usarla correctamente, te estarás perdiendo ventas. Probablemente tendrá éxito incluso si solo aprende algo de lo que la plataforma tiene para ofrecer, pero ¿por qué querría limitar su capacidad para ganar dinero?

Algunas de las formas en que puede aprender a usar mejor Shopify se incluyen en este libro, pero hay mucha más información que proporciona la propia plataforma de Shopify, utilizando las guías de ayuda, el manual, la documentación y los otros recursos de Shopify que se enumeran en el Capítulo 18.

En la segunda parte de este libro, hemos analizado cómo elegir el paquete de Shopify adecuado y lo que significan todas las funciones para tu negocio. Además, probablemente hayas llegado a la conclusión de que la plataforma Shopify es mucho más poderosa que cualquier otra cosa que exista y definitivamente debería ser tu mejor opción si quieres ser un propietario de un negocio de comercio electrónico exitoso.

La segunda parte ha incluido los cinco pasos básicos que necesitas para poner en marcha tu tienda, que son los siguientes:

- ☐ Tu configuración inicial: todas las cosas que harás para que tu tienda comience con Shopify y esté preparado para agregar tus primeros productos.

- ☐ Agregar tus productos: algo que tiene una gran cantidad de personalización detrás y algo que definitivamente debes aprender todo sobre el uso de los materiales en el manual de Shopify incluso antes de agregar tu primer producto.

- ☐ Configurar tu envío: este es un proceso bastante sencillo, aunque es bastante poderoso por derecho propio, y Shopify lo hace más fácil que la mayoría. De hecho, Shopify no solo lo hace más fácil para sus clientes que la mayoría, sino que también lo hace más rentable, lo que es bueno para sus resultados cada vez que vende algo.

- ☐ Personalización de sus soluciones de pago: tiene muchas soluciones de pago integradas cuando se trata de Shopify y hay algunas opciones poderosas. Pero quizás la mayor ventaja que tiene la plataforma sobre todas las demás es que le brinda una solución de pago tan simple con tarifas bajas y sin necesidad de configurar cuentas comerciales de terceros. Si no quieres, no necesitas ir más allá de Shopify Payments para que te paguen por tus ventas.

- ☐ Personalización de su tienda Shopify: Shopify facilita la creación del aspecto perfecto para su tienda con más de 100 temas gratuitos que se ven muy profesionales e incluso más temas premium para aquellos que son un poco más exigentes.

Tercera parte: Hacer que tu tienda Shopify sea un éxito

La última parte del libro trata de aplicaciones y detalles fuera de la plataforma Shopify que puedes utilizar para mejorar aún más tu tienda. Las características y complementos que se pueden integrar con Shopify son numerosos y definitivamente deben evaluarse para ver si mejorarían su tienda.

Uno de los capítulos más importantes de esta sección es el Capítulo 18, donde podrás ver todas las herramientas de aprendizaje que proporciona Shopify. Desde la documentación y el manual completo con capturas de pantalla y animaciones, hasta los foros de usuarios donde puede obtener consejos específicos sobre los problemas a los que se enfrenta directamente de otros usuarios de Shopify. Además, este capítulo amplía algunos de los aspectos más importantes del comercio electrónico, como el uso de las redes sociales para hacer que su tienda sea más efectiva y ganar más dinero mediante el uso de tendencias y compras navideñas.

Tu éxito depende de ti

Cuando se trata del éxito de su tienda, solo hay una persona de la que depende: usted. Si bien tiene una gran cantidad de herramientas y recursos disponibles para usted con la plataforma Shopify y todos los beneficios que conlleva, nada de eso marcará una gran diferencia si no está dispuesto a trabajar para que su tienda sea un éxito. Sin embargo, incluso para el propietario de comercio electrónico más desinformado, el éxito se puede tener con Shopify si elige buenos productos y sigue los consejos de este libro y de los expertos en el campo del comercio electrónico y continúa aprendiendo y mejorando a medida que gana dinero.

©Losvania Pereyra 2024 All rights reserved

Kindle direct publishing

2024 Editions: Kindle e-book, paperback, Hardcover

Reseña de Autor

Losvania Pereyra es una destacada especialista en salud y bienestar, con una pasión particular por el estudio y sus efectos en la calidad de vida. Con más de 15 años de experiencia en el campo de la medicina y la investigación, Pereyra ha dedicado su carrera a ayudar a individuos y comunidades a entender la importancia del descanso adecuado.

Graduada con honores de la Universidad Autónoma de Santo Domingo de Salud y Bienestar, Pereyra ha publicado numerosos artículos científicos en revistas especializadas y ha participado como conferencista en congresos internacionales sobre sueño y salud. Su enfoque integrador combina el rigor científico con un profundo compromiso hacia el bienestar holístico de sus pacientes y lectores.

Además de su labor clínica y académica, Pereyra es autora de varios libros aclamados sobre el sueño y la salud, incluyendo "El Punto 4: Sueño y Descanso", donde explora desde los fundamentos científicos del sueño hasta las prácticas cotidianas para mejorar la calidad del descanso. Su capacidad para comunicar conceptos complejos de manera accesible y motivadora la ha convertido en una voz respetada en su campo.

Como defensora apasionada de la salud preventiva, Pereyra continúa trabajando activamente en proyectos de investigación y educación comunitaria, con el objetivo de empoderar a las personas para que tomen control de su bienestar a través del sueño y hábitos de vida saludables. Su compromiso con la educación y la divulgación la ha llevado a ser reconocida como una líder de opinión en el ámbito de la salud y el bienestar.

www.ingramcontent.com/pod-product-compliance
Lightning Source LLC
Chambersburg PA
CBHW071932210526
45479CB00002B/647